MW01707934

LAROUSSE
Cuisine & Cie

Recettes pour deux

copains, copines

ou amoureux…

Édition originale
Cet ouvrage a été publié pour la première fois en 2006
sous le titre *Good Food 101 Meals for two*
par BBC Books, une marque de Ebury Publishing,
un département de The Random House Group Ltd.

Toutes les recettes de ce livre ont été publiées pour la première fois
dans BBC Good Food Magazine.

Édition française
Direction éditoriale Véronique de FINANCE-CORDONNIER
Édition Julie TALLET et Bénédicte BORTOLI
Traduction Irène LASSUS
Direction artistique Emmanuel CHASPOUL
Mise en page Martine DEBRAIS
Lecture-Correction Joëlle NARJOLLET
Couverture Véronique LAPORTE
Fabrication Annie BOTREL

ISBN : 978-2-03-585171-0
ISSN : 2100-3343

RECETTES POUR DEUX
copains, copines ou amoureux...

Angela Nilsen

LAROUSSE

21 rue du Montparnasse 75283 Paris Cedex 06

Sommaire

Introduction

Que vous prépariez un déjeuner en tête à tête ou un dîner romantique, cuisiner pour deux est un plaisir. Ce moment est synonyme de partage et de complicité. Il ne tient qu'à vous d'en faire une occasion d'enchanter vos papilles !

Vous trouverez des idées savoureuses pour les repas quotidiens et les occasions particulières, les en-cas rapides et les soirées de fête, les déjeuner légers et diététiques ou les dîners conviviaux... en amoureux ou entre amis...

Bien évidemment, les recettes de cet ouvrage ont toutes été testées ; elles sont simples et rapides à réaliser, équilibrées et composées d'ingrédients soigneusement choisis. N'hésitez pas à donner libre cours à votre imagination... La cuisine n'est jamais figée ; jouez avec les produits et les saveurs pour élargir votre palette !

À propos des recettes

- Lavez tous les produits frais avant préparation.

- On trouve dans le commerce des petits œufs (de moins de 45 g), des œufs moyens (de 45 g à 55 g), des gros œufs (de 55 à 65 g) et des extra-gros (de plus de 65 g). Sauf indication contraire, les œufs utilisés pour les recettes sont de calibre moyen.

- Sauf indication contraire, les cuillerées sont rases.
  1 cuillerée à café = 0,5 cl
  1 cuillerée à soupe = 1,5 cl

- Toutes les recettes réalisées avec des légumes en conserve peuvent, bien sûr, se cuisiner avec des légumes frais, et inversement. De la même manière, il est possible d'utiliser des cubes pour les bouillons de légumes ou de volaille ou de les préparer vous-même, si vous en avez le temps.

TABLEAU INDICATIF DE CUISSON

THERMOSTAT	TEMPÉRATURE
1	30 °C
2	60 °C
3	90 °C
4	120 °C
5	150 °C
6	180 °C
7	210 °C
8	240 °C
9	270 °C
10	300 °C

Ces indications sont valables pour un four électrique traditionnel.
Pour les autres fours, reportez-vous à la notice du fabricant.

TABLEAUX DES ÉQUIVALENCES FRANCE – CANADA

POIDS

55 g	2 onces
100 g	3,5 onces
150 g	5 onces
200 g	7 onces
250 g	9 onces
300 g	11 onces
500 g	18 onces
750 g	27 onces
1 kg	36 onces

Ces équivalences permettent de calculer le poids à quelques grammes près (en réalité, 1 once = 28 g)

CAPACITÉS

25 cl	9 onces
50 cl	17 onces
75 cl	26 onces
1 l	35 onces

Pour faciliter la mesure des capacités, 25 cl équivalent ici à 9 onces (en réalité, 23 cl = 8 onces = 1 tasse)

Mise en bouche ou entrée, cette recette est d'une simplicité idéale !

Gambas et mayonnaise pimentée

Pour 2 personnes
Préparation : 10 min

- 400 g de gambas cuites non décortiquées
- 2 filets d'anchois
- 1 piment rouge
- 4 cuill. à soupe de mayonnaise
- 1 sucrine

POUR SERVIR

- quartiers de citron

1 Répartissez les gambas dans deux verres. Hachez finement les anchois. Coupez le piment en deux, épépinez-le et hachez finement sa chair.

2 Mélangez la mayonnaise, l'anchois et le piment, et répartissez cette préparation dans deux coupelles.

3 Découpez la sucrine en deux. Servez les gambas avec la mayonnaise, les demi-sucrines et les quartiers de citron.

• Par portion : 293 Calories – Protéines : 19 g – Glucides : 1 g – Lipides : 24 g (dont 4 g de graisses saturées) – Fibres : 1 g – Sel : 3,69 g – Pas de sucres ajoutés.

Ces noix de saint-jacques subtilement assaisonnées constituent l'entrée idéale d'un dîner en tête à tête.

Noix de saint-jacques au piment et au citron vert

Pour 2 personnes
Préparation et cuisson : 10 min

- 2 cuill. à soupe d'huile olive
- 10 noix de saint-jacques
- 2 gousses d'ail
- 2 cuill. à café de piment rouge frais
- le jus de 1 citron vert
- 1 poignée de coriandre hachée
- sel et poivre du moulin

1 Dans une poêle, faites chauffer l'huile d'olive et déposez les noix de saint-jacques. Faites-les revenir pendant 1 minute, jusqu'à ce qu'elles soient dorées. Faites-les sauter dans la poêle pour les colorer des deux côtés.

2 Émincez l'ail et ajoutez-le ainsi que le piment. Prolongez la cuisson encore 1 minute, puis versez le jus de citron vert. Salez, poivrez et parsemez de coriandre. Servez immédiatement.

• Par portion : 260 Calories – Protéines : 34 g – Glucides : 2 g – Lipides : 13 g (dont 2 g de graisses saturées) – Fibres : 0,3 g – Sel : 0,99 g – Pas de sucres ajoutés.

Donnez de la légèreté à vos plats d'hiver
avec cette salade fraîche et croquante.

Salade de trévise aux poires

Pour 2 personnes
Préparation : 15 min

- 1 trévise
- 1 poire williams rouge
- 1 poignée de roquette
- 1 petite poignée de noisettes grillées
- sel et poivre du moulin

POUR LA SAUCE

- 1/2 cuill. à café de poivre vert en saumure (dans les magasins bio, facultatif)
- 1 cuill. à soupe d'huile de noisette ou d'olive
- 1 cuill. à soupe d'huile de tournesol ou de carthame (dans les magasins bio)
- 1/2 cuill. à café de vinaigre de xérès ou de cidre

1 Préparez la sauce. Si vous utilisez du poivre vert, écrasez légèrement les grains dans un bol, avec une cuillère en bois, ou dans un mortier. Émulsionnez tous les ingrédients. Salez.

2 Répartissez 5 ou 6 feuilles de trévise sur deux assiettes. Si nécessaire, découpez-les.

3 Après avoir enlevé la tige, coupez la poire en deux. Supprimez le cœur et les pépins. Coupez la poire en tranches fines. Répartissez les lamelles de poire sur les feuilles de trévise et arrosez de la moitié de la sauce. Versez le reste de sauce sur la roquette, salez et poivrez. Mélangez rapidement et disposez la roquette sur les assiettes. Hachez les noisettes, parsemez-en la salade et servez.

• Par portion : 202 Calories – Protéines : 2,3 g – Glucides : 8,9 g – Lipides : 17,7 g (dont 1,6 g de graisses saturées) – Fibres : 3 g – Sel : 0,01 g – Pas de sucres ajoutés.

Simple, léger et frais, ce plat nécessitant un minimum de cuisson est l'entrée estivale par excellence.

Bruschetta aux tomates rôties

Pour 2 personnes
Préparation et cuisson : 20 min

- 2 tranches de pain
- 1 cuill. à soupe d'huile d'olive
- 175 g de tomates cerises
- 2 gousses d'ail
- 1 filet de vinaigre balsamique
- quelques feuilles de basilic
- sel et poivre du moulin

1 Préchauffez le four à 200 °C (therm. 6-7). Badigeonnez le pain sur les deux faces avec la moitié de l'huile d'olive. Faites griller les tranches des deux côtés.

2 Disposez les tomates sur une seule épaisseur dans un plat à gratin. Arrosez du reste d'huile d'olive, salez et poivrez. Faites cuire 10 minutes au four jusqu'à ce que les tomates soient légèrement colorées et tendres. Laissez refroidir à température ambiante.

3 Placez 1 tranche de pain sur chaque assiette. Frottez 1 gousse d'ail sur chacune d'elles, puis répartissez dessus les tomates et arrosez de leur jus de cuisson. Versez quelques gouttes de vinaigre balsamique et parsemez de feuilles de basilic.

• Par portion : 207 Calories – Protéines : 6,2 g – Glucides : 30,1 g – Lipides : 7,7 g (dont 0,8 g de graisses saturées) – Fibres : 2,2 g – Sel : 0,7 g – Pas de sucres ajoutés.

Arrosés de moutarde, d'huile d'olive et de Worcestershire sauce, les champignons prennent une texture moelleuse et un délicieux goût relevé.

Champignons à la diable

Pour 2 personnes
Préparation et cuisson : 20 min

- 1 gousse d'ail
- 1 cuill. à soupe de moutarde en grains
- 1 cuill. à soupe d'huile d'olive
- 1 cuill. à soupe de Worcestershire sauce
- 4 gros champignons de Paris
- 1/2 cuill. à café de paprika
- 70 g de feuilles de salade mélangées (dont betterave et cresson)
- sel et poivre du moulin

POUR SERVIR

- tranches de pain croustillant

1 Préchauffez le four à 200 °C (therm. 6-7). Écrasez l'ail. Dans un saladier, mélangez la moutarde, l'huile, la Worcestershire sauce et l'ail. Salez et poivrez.

2 Ajoutez les champignons et mélangez jusqu'à les enrober complètement (vous pouvez aussi les préparer à l'avance et les laisser mariner). Placez-les tige vers le haut, dans un plat à gratin et saupoudrez-les de paprika. Faites cuire au four de 8 à 10 minutes.

3 Répartissez les feuilles de salade sur deux assiettes. Ajoutez les champignons et arrosez de jus de cuisson. Servez aussitôt accompagné de pain croustillant.

• Par portion : 102 Calories – Protéines : 5 g – Glucides : 3,7 g – Lipides : 7,6 g (dont 1 g de graisses saturées) – Fibres : 3 g – Sel : 3,57 g – Sucres ajoutés : 0,3 g.

Pensez à cette entrée chaleureuse pour vos dîners de fin d'année.

Chèvre chaud et salade aux airelles

Pour 2 personnes
Préparation et cuisson : 20 min

- 100 g de fromage de chèvre (type crottin)
- 1 poire
- huile pour badigeonner
- 1 poignée de noix de pécan
- 80 g d'un mélange de cresson et de feuilles d'épinard
- sel et poivre du moulin

POUR LA SAUCE

- 1 cuill. à soupe de coulis d'airelles (ou de groseilles)
- 1 cuill. à soupe d'huile d'olive
- 1 cuill. à soupe de jus de citron

1 Préchauffez le gril du four à température maximale et tapissez la grille d'une feuille d'aluminium. Coupez le chèvre en deux tranches. Coupez la poire en deux, évidez-la, émincez-la en tranches et répartissez celles-ci en deux tas sur la feuille d'aluminium. Badigeonnez-les légèrement d'huile, puis posez par-dessus le fromage de chèvre, partie tranchée vers le haut. Laissez dorer sous le gril jusqu'à ce que le fromage commence à fondre. Parsemez de noix de pécan et laissez au four encore 1 ou 2 minutes.

2 Préparez la sauce. Mélangez au fouet le coulis, l'huile et le jus de citron. Salez et poivrez.

3 Répartissez les feuilles de salade sur deux assiettes. Placez par-dessus les poires et le fromage. Arrosez de sauce et servez aussitôt.

• Par portion : 327 Calories – Protéines : 13 g – Glucides : 12 g – Lipides : 26 g (dont 10 g de graisses saturées) – Fibres : 3 g – Sel : 0,99 g – Sucres ajoutés : 2 g.

Une délicieuse façon d'utiliser les restes.
Pour plus de croquant, ajoutez des mini-épis de maïs ou des germes de soja.

Salade de nouilles au poulet

Pour 2 personnes
Préparation et cuisson : 15 min

- 50 g de nouilles de riz
- 100 g de pois gourmands
- 1 poivron rouge
- 1 poignée de basilic
- 2 blancs de poulet cuits
- sel et poivre du moulin

POUR LA SAUCE

- 3 cuill. à soupe d'huile d'olive
- le jus et le zeste finement râpé de 1/2 citron non traité
- 1 cuill. à soupe bombée de mayonnaise

1 Faites bouillir de l'eau, puis versez-la dans un saladier sur les nouilles jusqu'à les couvrir. Laissez reposer 4 minutes.

2 Pendant ce temps, préparez la sauce. Mélangez au fouet l'huile d'olive, le jus et le zeste de citron, la mayonnaise et assaisonnez.

3 Égouttez les nouilles et reversez-les dans le saladier. Coupez les pois gourmands en deux dans la longueur, épépinez et émincez finement le poivron. Ajoutez les pois gourmands, le poivron et le basilic. Versez la moitié de la sauce et mélangez délicatement.

4 Répartissez les nouilles dans deux bols. Émincez les blancs de poulet et posez-les sur les nouilles. Arrosez du reste de sauce et servez sans attendre.

• Par portion : 577 Calories – Protéines : 40 g – Glucides : 28 g – Lipides : 35 g (dont 6 g de graisses saturées) – Fibres : 2 g – Sel : 0,40 g – Pas de sucres ajoutés.

Une salade originale et vitaminée
pour ensoleiller vos repas d'hiver.

Salade à l'agneau et aux oranges

Pour 2 personnes
Préparation et cuisson : 15 min

- 2 tranches de gigot d'agneau dégraissées de 140 g
- 2 oranges (sanguines de préférence)
- 1 carotte
- 2 poignées de mesclun
- 1 bouquet de persil plat effeuillé

POUR LA SAUCE
- 1 cuill. à soupe d'huile d'olive
- 1 cuill. à café de vinaigre balsamique ou de xérès
- 1 petite gousse d'ail
- sel et poivre du moulin

1 Faites chauffer un gril ou une poêle à feu vif. Badigeonnez l'agneau d'un peu d'huile, salez et poivrez. Faites-le cuire 5 minutes en retournant les tranches une fois. Couvrez la viande d'une feuille d'aluminium et réservez.

2 Pelez les oranges à vif et coupez-les en tranches fines. Récupérez le jus.

3 Mélangez au fouet les ingrédients de la sauce, salez et poivrez. Incorporez le jus d'orange et le jus de cuisson de la viande. Râpez grossièrement la carotte et ajoutez-la ainsi que les feuilles de salade, le persil et l'orange. Mélangez.

4 Découpez l'agneau en tranches et répartissez celles-ci sur la salade. Servez aussitôt.

• Par portion : 346 Calories – Protéines : 32 g – Glucides : 15 g – Lipides : 18 g (dont 5 g de graisses saturées) – Fibres : 115 g – Sel : 0,57 g – Pas de sucres ajoutés.

Cette salade de bistrot, traditionnellement préparée avec des lardons, est ici réalisée avec du haddock.

Haddock en salade

Pour 2 personnes
Préparation et cuisson : 30 min

- 300 g de haddock
- 1/2 baguette coupée en tranches
- 2 cuill. à soupe d'huile d'olive
- 180 g de haricots verts effilés
- 1 filet de vinaigre
- 2 œufs
- 1/2 chicorée frisée
- sel et poivre du moulin

POUR LA VINAIGRETTE
- 1 cuill. à soupe de moutarde à l'ancienne
- 1 cuill. à soupe de vinaigre de cidre ou de vin blanc
- 3 cuill. à soupe d'huile d'olive
- 1 pincée de sel

1 Préparez la vinaigrette en fouettant ensemble la moutarde, le vinaigre, l'huile d'olive, 1 cuillerée à soupe d'eau et le sel.

2 Disposez les tranches de pain sur une feuille de papier sulfurisé, arrosez-les d'huile d'olive et passez-les de 8 à 10 minutes sous le gril du four.

3 Dans de l'eau bouillante salée, faites cuire les haricots de 3 à 5 minutes, jusqu'à ce qu'ils soient juste croquants. Sortez-les de l'eau à l'aide d'une écumoire et rafraîchissez-les dans de l'eau glacée. Égouttez-les et arrosez-les d'un peu de vinaigrette. Baissez le feu, plongez le haddock dans l'eau bouillante et laissez-le pocher pendant 5 minutes. Disposez-le sur une assiette. Versez le vinaigre dans l'eau bouillante, puis cassez-y les œufs et pochez-les 3 minutes. Sortez-les et égouttez-les.

4 Épluchez la chicorée et répartissez-la dans les assiettes avec le haddock coupé en bouchées. Ajoutez le pain grillé, les haricots verts et les trois quarts de la sauce. Servez tiède, avec les œufs pochés et le reste de sauce.

• Par portion : 627 Calories – Protéines : 43 g – Glucides : 32 g – Lipides : 37 g (dont 6 g de graisses saturées) – Fibres : 4 g – Sel : 4,2 g – Pas de sucres ajoutés.

Inutile de faire cuire la semoule : faites-la tremper dans les proportions indiquées sur le paquet, puis ajoutez les autres ingrédients.

Salade méditerranéenne

Pour 2 personnes
Préparation et cuisson : 15 min

- 100 g de semoule de couscous
- 20 cl de bouillon de légumes chaud
- 1 avocat
- 5 tomates séchées
- 50 g d'olives noires
- 1 poignée de mélange de noix de cajou, de pignons de pin et d'amandes
- 100 g de feta
- 75 g de salade mélangée
- sel et poivre du moulin

POUR LA SAUCE

- 2 ½ cuill. à soupe d'huile d'olive
- 1 cuill. à soupe de jus de citron

1 Versez la semoule dans un grand saladier, versez le bouillon de légumes chaud, couvrez et laissez gonfler 5 minutes. Pelez l'avocat et coupez-le en gros morceaux. Coupez les tomates séchées en quatre.

2 Préparez la sauce. Mélangez l'huile d'olive et le jus de citron, salez et poivrez.

3 Versez 1 cuillerée à soupe de sauce dans la semoule, puis, en mélangeant doucement, ajoutez les tomates séchées, l'avocat, les olives, la feta grossièrement émiettée et le mélange de noix de cajou, de pignons et d'amandes. Rectifiez l'assaisonnement, si nécessaire.

4 Assaisonnez la salade mélangée avec le reste de sauce, puis répartissez-la sur deux assiettes et disposez la préparation à base de semoule dessus.

• Par portion : 608 Calories – Protéines : 16 g – Glucides : 33 g – Lipides : 46,6 g (dont 11 g de graisses saturées) – Fibres : 4,4 g – Sel : 4,79 g – Pas de sucres ajoutés.

Pour varier, remplacez la mozzarella par du roquefort et le basilic par de la ciboulette.

Salade tiède de pommes de terre nouvelles

Pour 2 personnes
Préparation et cuisson : 30 min

- 1 cuill. à soupe d'huile d'olive
- 2 gousses d'ail
- 500 g de pommes de terre nouvelles
- 50 cl de bouillon de légumes
- 125 g de mozzarella
- 500 g de tomates cerises
- 50 g de pignons de pin grillés
- 1 poignée de basilic ciselé

POUR SERVIR

- quelques feuilles de laitue croquantes (facultatif)

1 Dans une poêle, chauffez l'huile et faites-y revenir l'ail et les pommes de terre 1 ou 2 minutes. Versez le bouillon et laissez frémir à découvert pendant environ 20 minutes jusqu'à ce que les pommes de terre soient cuites. Augmentez le feu et laissez réduire jusqu'à obtenir 2 cuillerées à soupe de liquide sirupeux.

2 Coupez la mozzarella en morceaux et les tomates cerises en deux. Ajoutez dans la poêle la mozzarella, les tomates cerises, les pignons et le basilic. Mélangez le tout. Lorsque le fromage commence à fondre, retirez du feu et répartissez sur deux assiettes. Servez avec des feuilles de laitue croquantes.

• Par portion : 615 Calories – Protéines : 23 g – Glucides : 50 g – Lipides : 37 g (dont 11 g de graisses saturées) – Fibres : 6 g – Sel : 1,6 g – Pas de sucres ajoutés.

Un dîner à l'improviste?
Essayez cette entrée savoureuse et si vite prête!

Tortilla chips à la sauce piquante

Pour 2 personnes
Préparation et cuisson: 10 min

- 175 g de tortilla chips nature
- 225 g de sauce salsa
- 2 ou 3 ciboules
- 50 à 85 g de cheddar (ou fromage à pâte pressée, type cantal)
- 1 pincée de piment en poudre

POUR SERVIR

- crème aigre (ou crème fraîche additionnée de quelques gouttes de citron) ou guacamole (facultatif)

1 Préchauffez le gril du four à température maximale. Répartissez les tortilla chips sur une plaque et nappez-les de sauce salsa. Émincez les ciboules et parsemez-en les tortillas.

2 Râpez le fromage et saupoudrez-en la préparation, puis ajoutez le piment en poudre.

3 Laissez griller environ 3 minutes pour faire fondre le fromage. Servez éventuellement accompagné de crème ou de guacamole.

• Par portion (sans crème, ni guacamole) : 560 Calories – Protéines : 16 g – Glucides : 62,6 g – Lipides : 29,1 g (dont 5,5 g de graisses saturées) – Fibres : 6,2 g – Sel : 5,26 g – Sucres ajoutés : 1,1 g.

Préparez cette crème de pois chiches
pour un déjeuner en tête à tête.

Houmous aux poivrons rouges

Pour 2 personnes
Préparation et cuisson : 10 min

- 400 g de pois chiches
- 1 gousse d'ail
- 2 poivrons grillés (en bocal ou surgelés)
- 1 cuill. à soupe de jus de citron
- 2 cuill. à soupe d'huile d'olive + 1 filet pour arroser
- 1/2 cuill. à café de piment en poudre
- sel et poivre du moulin

POUR SERVIR

- branches de céleri, radis et gressins

1 Rincez et égouttez les pois chiches. Versez-les dans le bol du mixeur. Pelez l'ail, écrasez-le et ajoutez-le aux pois chiches. Salez et poivrez généreusement. Mixez rapidement.

2 Éliminez les pépins restant sur les poivrons. Ajoutez les poivrons dans le bol du mixeur avec le jus de citron, l'huile d'olive et le piment. Mixez jusqu'à obtenir une pâte lisse. Goûtez et rectifiez l'assaisonnement, si nécessaire. Pour un mélange plus relevé, ajoutez du piment.

3 Versez le tout dans un bol, arrosez de 1 filet d'huile d'olive et servez avec les branches de céleri, les radis et les gressins.

• Par portion : 407 Calories – Protéines : 11 g – Glucides : 27 g – Lipides : 29 g (dont 3 g de graisses saturées) – Fibres : 7 g – Sel : 2,23 g – Pas de sucres ajoutés.

Délicieusement fondant, ce sandwich n'aura besoin que d'une salade, pour constituer un repas complet.

Sandwich au camembert poêlé

Pour 2 personnes
Préparation et cuisson : 10 min

- 1 noix de beurre
- 4 tranches de pain épaisses (complet ou aux céréales)
- 175 g de camembert
- 2 cuill. à soupe de coulis d'airelles (ou de groseilles)
- vinaigre balsamique (facultatif)

1 Beurrez les tranches de pain. Coupez le camembert en deux morceaux et posez chaque part sur la face non beurrée des tranches de pain.

2 Arrosez de 1 cuillerée de coulis et de quelques gouttes de vinaigre balsamique, éventuellement. Recouvrez des deux tranches de pain restantes, beurre vers l'extérieur.

3 Faites poêler 1 ou 2 minutes sur chaque face en appuyant avec une spatule. Laissez fondre et bien dorer. Coupez chaque sandwich en deux et dégustez aussitôt.

• Par portion : 547 Calories – Protéines : 26,3 g – Glucides : 46,4 g – Lipides : 29,8 g (dont 18,7 g de graisses saturées) – Fibres : 1,3 g – Sel : 2,66 g – Sucres ajoutés : 1,7 g.

Le chèvre est le fromage idéal pour être grillé, car on peut le gratiner sans qu'il durcisse.

Tartines au fromage frais

Pour 2 personnes
Préparation et cuisson : 12 à 15 min

- 1 ciabata (pain plat italien) de 175 g (ou 2 tranches épaisses de pain au levain)
- 50 g de poivrons
- 8 olives noires dénoyautées
- 100 g de fromage de chèvre demi-frais
- 2 cuill. à café de vinaigre balsamique (facultatif)
- quelques feuilles de cresson ou de roquette
- 1 filet d'huile d'olive

1 Préchauffez le gril du four à température moyenne. Coupez le pain en deux, faites-le griller, côté croûte. Pendant ce temps, coupez les poivrons en lanières et émincez les olives. Sortez le pain, puis, sur la face non grillée, répartissez les poivrons et les olives.

2 Émiettez le chèvre par-dessus et repassez les tranches de pain sous le gril, jusqu'à ce que le fromage commence à être gratiné.

3 Sortez les tartines du four et arrosez éventuellement de vinaigre balsamique. Servez-les décorées de quelques feuilles de cresson ou de roquette et arrosées de 1 filet d'huile d'olive.

• Par portion : 485 Calories – Protéines : 20 g – Glucides : 48 g – Lipides : 25 g (dont 10 g de graisses saturées) – Fibres : 3 g – Sel : 3,48 g – Pas de sucres ajoutés.

Pour une version plus colorée, remplacez les oignons caramélisés par des poivrons grillés.

Sandwich bœuf-oignons doux

Pour 2 personnes
Préparation et cuisson : 10 min

- 2 cuill. à soupe d'huile d'olive + 1 filet pour arroser
- 2 tranches de filet de bœuf de 1 cm d'épaisseur
- 1 ciabata (pain plat italien)
- 4 cuill. à soupe de confit d'oignons doux
- 40 g de cresson
- sel et poivre du moulin

1 Préchauffez le gril du four à température moyenne. Dans une poêle, chauffez un peu d'huile d'olive. Salez et poivrez le bœuf, puis faites cuire chaque face 1 ou 2 minutes. Pendant ce temps, coupez le pain ciabata en deux dans le sens de la longueur et faites dorer les faces coupées sous le gril.

2 Arrosez le pain de 1 filet d'huile d'olive et nappez une des deux moitiés de confit d'oignons. Posez les tranches de bœuf par-dessus.

3 Ajoutez le cresson et refermez le sandwich. Coupez en quatre et servez chaud.

• Par portion : 525 Calories – Protéines : 52 g – Glucides : 33 g – Lipides : 21 g (dont 5 g de graisses saturées) – Fibres : 2 g – Sel : 1,85 g – Sucres ajoutés : 2 g

Pour des tartines épicées, arrosez la viande d'une sauce plus relevée avant de la faire griller.

Tartines grillées à la dinde et au fromage fondu

Pour 2 personnes
Préparation et cuisson : 15 min

- 2 filets de dinde de 140 g
- 4 tranches de lard fumé
- 2 tranches de cheddar ou de gruyère
- 1 ciabata (pain plat italien)
- 2 cuill. à soupe de mayonnaise
- 1 tomate
- 1/2 avocat
- 4 feuilles de laitue croquantes ou de sucrine

1 Préchauffez le gril du four à température maximale. Posez les filets de dinde et le lard sur une plaque de cuisson et passez-les 3 minutes sous le gril, sur chaque face, jusqu'à ce qu'ils soient cuits. Réservez le lard sur une feuille de papier absorbant et disposez le fromage sur la viande.

2 Coupez la ciabata en deux dans le sens de la longueur, mettez les morceaux de pain sur la plaque et repassez-les sous le gril, jusqu'à ce que le pain soit doré et le fromage fondu.

3 Coupez la tomate en tranches. Pelez l'avocat, coupez-le en deux, dénoyautez-le et émincez-le finement. Nappez le pain de mayonnaise et superposez dessus la viande et le fromage, les tranches de tomate et d'avocat, la salade et le lard grillé.

• Par portion : 685 Calories – Protéines : 54 g – Glucides : 42 g – Lipides : 35 g (dont 9 g de graisses saturées) – Fibres : 3 g – Sel : 3 g – Pas de sucres ajoutés.

Les amateurs de viande pourront remplacer le fromage par des aiguillettes de poulet, par exemple.

Pains pita aux poivrons et au halloumi

Pour 2 personnes
Préparation et cuisson : 10 min

- 1/2 cuill. à café d'origan
- 2 tranches de halloumi (ou à défaut de ce fromage chypriote, de la mozzarella)
- 1 cuill. à soupe d'huile d'olive
- 2 pains pita
- 2 poivrons grillés
- 6 tranches d'aubergine grillée
- 1 poignée d'olives noires
- 2 à 4 quartiers de citron
- 1 poignée de feuilles de persil plat
- sel et poivre du moulin

1 Saupoudrez d'origan les deux faces du fromage, puis dans une poêle, faites-le rapidement dorer de façon homogène, en le retournant. Réservez le fromage en laissant la poêle sur feu doux. Chauffez les pitas quelques secondes, de chaque côté, au contact direct de la flamme du gaz (ou à défaut, dans une poêle).

2 Coupez les poivrons en deux et éliminez les pépins restants. Émincez les poivrons grossièrement et mettez-les dans la poêle avec les tranches d'aubergine, les olives et le halloumi. Augmentez le feu, arrosez la préparation du jus de 2 quartiers de citron, salez et poivrez généreusement. Répartissez le mélange sur les 2 pitas, parsemez de persil et ajoutez 1 quartier de citron.

• Par portion : 561 Calories – Protéines : 14 g – Glucides : 51 g – Lipides : 35 g (dont 8 g de graisses saturées) – Fibres : 5 g – Sel : 0,91 g – Pas de sucres ajoutés.

Voici une entrée toute simple,
prête en un tour de main!

Toasts au cheddar

Pour 2 personnes
Préparation et cuisson : 15 min

- 2 tranches de pain complet
- 85 g de cheddar (ou fromage à pâte pressée, type cantal)
- 1/2 oignon rouge
- 2 tomates
- 1 œuf
- 1 pincée de piment de Cayenne (facultatif)
- sel

1 Préchauffez le gril du four à température moyenne. Faites dorer le pain sur les deux faces. Réservez, sans éteindre le gril.

2 Râpez le cheddar, hachez finement l'oignon et détaillez grossièrement les tomates en morceaux. Dans un saladier, réunissez le fromage, l'oignon, les tomates, l'œuf et éventuellement le piment. Mélangez bien et salez. Répartissez le mélange sur les tranches de pain en les recouvrant complètement.

3 Faites dorer les toasts sous le gril jusqu'à ce que le fromage soit fondu. Dégustez aussitôt, bien chaud.

• Par portion : 315 Calories – Protéines : 18 g – Glucides : 20 g – Lipides : 16 g (dont 10 g de graisses saturées) – Fibres : 3 g – Sel : 1,39 g – Pas de sucres ajoutés.

Pour une version végétarienne, remplacez les crevettes par du tofu et ajoutez les légumes de votre choix.

Œufs brouillés façon thaïe

Pour 2 personnes
Préparation et cuisson : 10 min

- 1 cuill. à soupe d'huile
- 100 g de crevettes cuites (décongelées et épongées, le cas échéant)
- 1 morceau de gingembre (environ 1 cm)
- 1 grosse poignée de germes de soja
- 4 ciboules
- 4 œufs
- 1 cuill. à soupe de sauce soja

1 Dans un wok ou une poêle, chauffez l'huile. Faites colorer les crevettes à feu vif pendant 20 secondes.

2 Râpez le gingembre et émincez les ciboules. Dans la poêle, ajoutez le gingembre, les germes de soja, la moitié des ciboules et faites revenir le tout 30 secondes. Baissez le feu, battez les œufs et versez-les dans le mélange.

3 Laissez prendre quelques secondes puis, avec une cuillère en bois, ramenez la préparation vers le centre pour la décoller des bords, et mélangez les œufs brouillés aux légumes. Lorsque les œufs sont crémeux, ajoutez la sauce soja et laissez frémir quelques secondes. Servez les œufs brouillés parsemés du reste de ciboules et arrosés éventuellement de sauce soja.

• Par portion : 296 Calories – Protéines : 28 g – Glucides : 2 g – Lipides : 20 g (dont 4 g de graisses saturées) – Fibres : 1 g – Sel : 3,81 g – Sucres ajoutés : 0,1 g.

Pour un brunch,
essayez cette délicieuse brouillade au fromage.

Œufs brouillés au fromage et au cresson

Pour 2 personnes
Préparation et cuisson : 10 min

- 2 soda farls (pains irlandais sans levain, dans les épiceries spécialisées)
- 4 œufs
- 4 cuill. à soupe de lait
- 50 g de cheddar (ou fromage à pâte pressée, type cantal)
- 1 noix de beurre
- 10 tomates cerises
- 1 poignée de cresson
- sel et poivre du moulin

1 Coupez les pains en deux et faites-les griller sur les deux faces. Pendant ce temps, battez les œufs et le lait. Salez et poivrez. Râpez le fromage et réservez-le. Beurrez les pains et déposez-les sur les assiettes.

2 Laissez fondre le beurre restant dans une poêle et faites revenir les tomates à feu vif pendant 3 minutes, en remuant de temps en temps, jusqu'à ce qu'elles soient tendres et que leur peau éclate.

3 Hachez grossièrement le cresson. Dans la poêle, versez le mélange œufs-lait et laissez prendre 10 secondes. Mélangez régulièrement sans laisser cuire complètement jusqu'à ce que vous obteniez un mélange crémeux. Saupoudrez de fromage et de cresson. Retirez du feu. Déposez les œufs brouillés sur les pains et servez aussitôt.

• Par portion : 765 Calories – Protéines : 32 g – Glucides : 36 g – Lipides : 56 g (dont 22 g de graisses saturées) – Fibres : 2 g – Sel : 1,57 g – Pas de sucres ajoutés.

Une façon inventive et rapide
de réinterpréter la pizza!

Pizzas mozzarella, jambon et pistou

Pour 2 personnes
Préparation et cuisson : 10 min

- 4 mini-pitas
- 150 g de mozzarella
- 4 cuill. à café de pistou
- 85 g de jambon fumé en tranches fines
- poivre du moulin

1 Préchauffez le gril du four à température maximale. Enfournez les pitas sur une grille et laissez-les dorer pendant environ 1 minute. Pendant ce temps, coupez la mozzarella en cinq tranches.

2 Retournez les pitas et tartinez-les de pistou. Posez par-dessus 1 tranche de mozzarella, puis 1 tranche de jambon en chiffonnade. Coupez la tranche de mozzarella restante en quatre morceaux et posez-les sur le jambon. Donnez un tour de moulin à poivre.

3 Remettez sous le gril pendant 3 ou 4 minutes jusqu'à ce que le fromage soit fondu et doré.

• Par portion : 491 Calories – Protéines : 36 g – Glucides : 41 g – Lipides : 21 g (dont 12 g de graisses saturées) – Fibres : 1,6 g – Sel : 3,34 g – Pas de sucres ajoutés.

Une spécialité new-yorkaise à préparer
en toute simplicité au four à micro-ondes !

Bagels chauds au pastrami

Pour 2 personnes
Préparation et cuisson : 10 min

- 2 bagels à l'oignon
- 1 noix de beurre
- moutarde
- 120 g de pastrami
- 2 cornichons aigres-doux
- 1 poignée de laitue iceberg

1 Coupez les bagels en deux et tartinez les quatre faces de beurre et d'un peu de moutarde. Répartissez dessus les tranches de pastrami et refermez les sandwichs. Posez-les sur une double épaisseur de papier absorbant sur le plateau du four à micro-ondes et enfournez-les 1 minute à puissance moyenne. Le papier absorbant évite que le pain ne ramollisse et n'attache au plateau.

2 Pendant ce temps, coupez les cornichons en deux, dans le sens de la longueur.

3 Sortez les bagels du four à micro-ondes et ouvrez-les. Disposez dessus les feuilles de laitue et les cornichons, ajoutez un peu de moutarde et dégustez tiède.

• Par portion : 241 Calories – Protéines : 17 g – Glucides : 27 g – Lipides : 8 g (dont 3 g de graisses saturées) – Fibres : 2 g – Sel : 3,04 g – Pas de sucres ajoutés.

Classic
YELLOW

Pour varier, remplacez la polenta par des rondelles de pomme de terre.

Poulet croustillant sur lit de polenta

Pour 2 personnes
Préparation et cuisson : 35 min

- 500 g de polenta cuite
- 25 g de parmesan râpé
- 1 gousse d'ail
- 2 blancs de poulet
- 250 g de tomates cerises
- quelques feuilles de romarin hachées
- 2 cuill. à soupe d'huile d'olive
- sel et poivre du moulin

POUR SERVIR
- salade verte

1 Préchauffez le four à 220 °C (therm. 7-8). Du bout des doigts, effritez la polenta en petits morceaux et répartissez-la au fond d'un plat à four. Ajoutez le parmesan râpé et mélangez.

2 Émincez l'ail. Disposez les blancs de poulet, les tomates cerises, le romarin et l'ail sur la polenta, puis arrosez d'huile d'olive. Salez et poivrez selon votre goût.

3 Enfournez et laissez cuire 25 minutes, jusqu'à ce que le poulet soit doré et que la polenta et le fromage soient croustillants sur les bords. Servez accompagné d'une salade verte.

• Par portion : 513 Calories – Protéines : 40 g – Glucides : 47 g – Lipides : 20 g (dont 5 g de graisses saturées) – Fibres : 7 g – Sel : 4,63 g – Pas de sucres ajoutés.

N'hésitez pas à jouer sur les épices et leur dosage
en fonction de votre goût.

Poulet au curry et aux noix de cajou

Pour 2 personnes
Préparation et cuisson : 25 min

- 1 cuill. à soupe de pâte de curry
- 1 piment rouge ou vert (facultatif)
- 250 g de riz basmati
- 100 g de blanc de poulet cuit
- 1 poignée de petit pois surgelés
- 50 g de noix de cajou grillées
- 1 filet de jus de citron

1 Dans un wok ou une poêle, faites chauffer la pâte de curry. Pour un goût plus relevé, hâchez le piment et ajoutez-le.

2 Faites cuire le riz dans un grand volume d'eau bouillante salée. Coupez le poulet en lanières.

3 Dans le wok, incorporez le riz, le poulet, les petits pois et les noix de cajou.

4 Faites revenir le mélange, en remuant de temps en temps, jusqu'à ce qu'il soit brûlant et arrosez de 1 filet de jus de citron.

• Par portion : 428 Calories – Protéines : 24 g – Glucides : 43 g – Lipides : 19 g (dont 1 g de graisses saturées) – Fibres : 2 g – Sel : 1,18 g – Sucres ajoutés : 1 g.

De jeunes brocolis conviendront parfaitement pour cette recette, car ils cuisent très vite.

Aiguillettes de poulet aux brocolis

Pour 2 personnes
Préparation et cuisson : 20 min

- 200 g de brocolis
- 2 gousses d'ail
- 1 cuill. à soupe d'huile d'arachide ou de tournesol
- 340 g d'aiguillettes de poulet
- 20 cl de bouillon de poule
- 1 cuill. à soupe de fécule de maïs
- 1 cuill. à soupe de miel liquide
- le zeste de 1/2 citron non traité et le jus de 1 citron
- 1 poignée de noix de cajou

1 Préparez les brocolis en divisant les bouquets et émincez l'ail.

2 Dans une grande poêle, chauffez l'huile, puis faites revenir les aiguillettes de poulet pendant 3 ou 4 minutes, jusqu'à ce qu'elles soient bien dorées. Sortez-les de la poêle et mettez à la place l'ail et les brocolis. Faites-les dorer pendant 1 minute environ, puis couvrez et laissez cuire encore 2 minutes.

3 Dans un bol, mélangez le bouillon de poule, la fécule de maïs et le miel, puis versez le tout dans la poêle. Laissez épaissir sans cesser de remuer. Remettez le poulet dans la poêle et faites-le réchauffer. Ajoutez le zeste et le jus de citron, ainsi que les noix de cajou. Mélangez et servez aussitôt.

• Par portion : 372 Calories – Protéines : 48 g – Glucides : 15 g – Lipides : 13 g (dont 2 g de graisses saturées) – Fibres : 3 g – Sel : 0,69 g – Sucres ajoutés : 6 g.

Une recette aussi simple que savoureuse
que vous n'hésiterez pas à faire et refaire !

Blancs de poulet glacés au miel

Pour 2 personnes
Préparation et cuisson : 40 min

- 2 blancs de poulet avec la peau
- 1/2 citron
- 1 cuill. à soupe de miel blond
- 1 cuill. à soupe de sauce soja
- sel et poivre du moulin

POUR SERVIR
- salade verte, pommes de terre sautées à l'ail et aux fines herbes

1 Préchauffez le four à 190 °C (therm. 6-7). Déposez les blancs de poulet dans un plat à rôtir, peau vers le haut. Salez et poivrez.

2 Pressez le demi-citron dans un bol, ajoutez le miel et la sauce soja, puis mélangez. Nappez les blancs de poulet de ce mélange et mettez le citron dans le plat : il ajoutera du moelleux et de la saveur.

3 Faites dorer à découvert de 30 à 35 minutes jusqu'à ce que la viande prenne un aspect glacé. Arrosez du jus de cuisson au moins deux fois en cours de cuisson. Servez avec une salade et des pommes de terre sautées.

• Par portion : 197 Calories – Protéines : 32,4 g – Glucides : 8,6 g – Lipides : 3,9 g (dont 1,3 g de graisses saturées) – Fibres : 0,3 g – Sel : 1,91 g – Sucres ajoutés : 6 g.

Goûtez à la fraîcheur printanière de cette délicieuse poêlée
et vous ne pourrez plus vous en passer !

Poêlée de poulet aux légumes de printemps

Pour 2 personnes
Préparation et cuisson : 30 min

- 1 cuill. à soupe d'huile d'olive
- 2 blancs de poulet avec la peau
- 200 g de pommes de terre nouvelles
- 50 cl de bouillon de volaille
- 200 g de légumes de printemps mélangés (brocolis, petits pois, fèves et courgettes)
- 2 cuill. à soupe de crème fraîche
- 1 poignée de feuilles d'estragon hachées
- sel et poivre du moulin

1 Dans un wok ou une sauteuse, faites chauffer l'huile d'olive, puis faites revenir les blancs de poulet, 5 minutes de chaque côté. Coupez les pommes de terre en fines rondelles et ajoutez-les en remuant bien pour les enrober d'huile. Mouillez avec le bouillon de volaille, couvrez et laissez mijoter 10 minutes à feu doux, jusqu'à ce que les pommes de terre soient tout juste cuites.

2 Retirez le couvercle et augmentez le feu. Faites réduire le bouillon à feu vif, jusqu'à ce qu'il forme une mince pellicule au fond du wok. Émincez les courgettes. Versez tous les légumes dans le wok, couvrez à nouveau et laissez cuire 2 minutes.

3 Ajoutez la crème fraîche en remuant pour obtenir une sauce onctueuse. Salez et poivrez selon votre goût, puis parsemez d'estragon. Servez la poêlée dans le wok et dégustez aussitôt.

• Par portion : 386 Calories – Protéines : 38 g – Glucides : 23 g – Lipides : 16 g (dont 6 g de graisses saturées) – Fibres : 3 g – Sel : 1,5 g – Pas de sucres ajoutés.

Un plat traditionnel réinterprété
avec sa sauce à l'ananas parfumée au soja.

Jambon glacé, sauce à l'ananas

Pour 2 personnes
Préparation et cuisson : 20 min

- 1 tranche de jambon de 350 g avec la couenne
- huile
- 1 cuill. à café de miel

POUR LA SAUCE

- 100 g d'ananas en rondelles
- 1 piment rouge épépiné
- 1 cuill. à café de sucre muscovado (ou sucre roux)
- 1 cuill. à café de sauce soja
- 1 cuill. à soupe de coriandre hachée

POUR SERVIR

- endives
- haricots verts et frites (facultatif)

1 Préparez la sauce. Coupez l'ananas en petits dés et hachez finement le piment, puis mélangez tous les ingrédients (pour une sauce moins relevée, n'utilisez que la moitié du piment).

2 Préchauffez le gril du four à température maximale pendant 3 minutes. Coupez le jambon en deux et entaillez la couenne tous les 2 ou 3 cm. Badigeonnez légèrement d'huile les deux morceaux. Faites-les griller 2 minutes sur les deux faces pour qu'elles raffermissent. Enduisez une face de miel et laissez les morceaux de jambon encore 1 minute sous le gril. Sortez-les du four et laissez-les reposer 2 ou 3 minutes.

3 Servez le jambon nappé de sauce, avec une salade d'endives ou des haricots verts et des frites croustillantes.

• Par portion : 283 Calories – Protéines : 32 g – Glucides : 10 g – Lipides : 13 g (dont 4 g de graisses saturées) – Fibres : 1 g – Sel : 6,12 g – Sucres ajoutés : 5 g.

Cette recette est tout aussi savoureuse avec des blancs de poulet à la place des côtes de porc.

Côtes de porc à la moutarde

Pour 2 personnes
Préparation et cuisson : 25 min

- 2 côtes de porc
- 25 g de cheddar (ou fromage à pâte pressée, type cantal)
- 1 cuill. à café de moutarde en grains
- 2 cuill. à café de crème fraîche

POUR SERVIR

- quartiers de pommes de terre
- légumes verts (haricots, petits pois...)

1 Préchauffez le four à 200 °C (therm. 6-7). Déposez les côtes de porc dans un plat à rôtir et laissez-les cuire 15 minutes.

2 Râpez le fromage. Mélangez la moutarde, le fromage et la crème fraîche. Nappez les côtes de porc de ce mélange.

3 Remettez au four jusqu'à ce que le fromage soit bien fondu. Servez avec des quartiers de pomme de terre (que vous pouvez faire cuire au four avec les côtes de porc) et des légumes verts.

• Par portion : 435 Calories – Protéines : 44,1 g – Glucides : 0,2 g – Lipides : 28,6 g (dont 12,5 g de graisses saturées) – Fibres : 0,1 g – Sel : 0,58 g – Pas de sucres ajoutés.

Un plat unique, copieux, pour réchauffer les longues soirées d'hiver!

Pois chiches au chorizo

Pour 2 personnes
Préparation et cuisson : 15 min

- 400 g de tomates en conserve
- 110 g de chorizo
- 140 g de chou frisé de Milan
- 410 g de pois chiches
- 1 pincée de piment en poudre
- 1 cube de bouillon de volaille ou de légumes

POUR SERVIR
- pain grillé, nature ou frotté à l'ail

1 Concassez les tomates, puis versez-les dans une casserole avec leur jus. Pendant que les tomates chauffent, coupez le chorizo en gros cubes et émincez le chou.

2 Égouttez les pois chiches. Ajoutez le chorizo aux tomates, ainsi que le piment, le chou, les pois chiches et le cube de bouillon émietté.

3 Mélangez bien, couvrez et laissez mijoter à feu vif pendant 6 minutes jusqu'à ce que le chou soit tendre. Répartissez le tout dans deux bols et servez avec du pain grillé.

• Par portion : 366 Calories – Protéines : 23 g – Glucides : 30 g – Lipides : 18 g (dont 5 g de graisses saturées) – Fibres : 9 g – Sel : 4,26 g – Sucres ajoutés : 0,3 g.

Pour une version plus light, utilisez de la crème allégée et remplacez le gruyère par 50 g de parmesan.

Brocolis violets du Cap en gratin

Pour 2 personnes
Préparation et cuisson : 20 min

- 500 g de brocolis violets du Cap (environ 18 tiges, chez les primeurs bio)
- 20 cl de crème fraîche
- 1 cuill. à soupe de moutarde en grains
- 100 g de fromage râpé (gruyère ou cheddar)
- 6 tranches de jambon

1 Portez une casserole d'eau à ébullition, ajoutez les brocolis et faites-les blanchir 2 minutes. Égouttez-les dans une passoire et rafraîchissez-les dans de l'eau glacée pour fixer leur couleur.

2 Dans un bol, mélangez la crème fraîche, la moutarde et la moitié du fromage. Préchauffez le gril du four à température maximale.

3 Enveloppez les tiges de brocolis trois par trois dans les tranches de jambon et disposez-les dans un plat à gratin. Nappez de sauce à la moutarde, parsemez du reste de fromage et faites dorer au four pendant 10 minutes.

• Par portion : 755 Calories – Protéines : 39 g – Glucides : 10 g – Lipides : 62 g (dont 38 g de graisses saturées) – Fibres : 9 g – Sel : 3,38 g – Pas de sucres ajoutés.

Un plat estival idéal!
Si vous faites cuire l'agneau au barbecue,
il n'en sera que plus tendre et juteux.

Gigot et tomates pimentées

Pour 2 personnes
Préparation et cuisson: 20 min

- 140 g de tomates
- 1/2 oignon rouge
- 1/2 piment rouge
- 1 cuill. à soupe de coriandre hachée
- 2 tranches de gigot d'agneau
- huile d'olive
- sel et poivre du moulin

POUR SERVIR

- pommes de terre nouvelles
- mesclun

1 Coupez les tomates en deux et épépinez-les. Hachez finement la chair des tomates et l'oignon. Épépinez le piment et hachez-le finement. Dans un bol, réunissez les tomates, l'oignon, le piment et la coriandre. Salez et poivrez. Vous pouvez conserver ce mélange couvert pendant deux jours maximum au réfrigérateur, en le remettant à température ambiante avant de servir.

2 Salez et poivrez les tranches de gigot sur les deux faces et frottez-les avec un peu d'huile d'olive.

3 Faites cuire l'agneau sur un gril chaud ou au barbecue pendant 3 ou 4 minutes pour des tranches rosées ou un peu plus pour une viande à point. Servez le gigot accompagné des tomates pimentées, de pommes de terre nouvelles et de mesclun.

• Par portion : 293 Calories – Protéines : 34,7 g – Glucides : 3,5 g – Lipides : 15,7 g (dont 7,3 g de graisses saturées) – Fibres : 0,9 g – Sel : 0,49 g – Pas de sucres ajoutés.

Vous trouverez ces ingrédients dans les épiceries asiatiques ou avec les produits exotiques dans certains supermarchés.

Aiguillettes de bœuf et poêlée de légumes asiatiques

Pour 2 personnes
Préparation et cuisson : 10 min

- 225 g de rumsteck
- 225 g de pak-choï (chou chinois)
- 1 poivron rouge
- 2 cuill. à soupe d'huile
- 100 à 120 g de sauce soja
- 300 g de nouilles asiatiques précuites

1 Dégraissez la viande et coupez-la en lanières fines. Coupez les têtes de pak-choï en quatre dans le sens de la longueur. Épépinez le poivron et détaillez-le en petits dés.

2 Dans une poêle, faites chauffer l'huile, puis faites revenir les dés de poivron pendant 1 minute. Ajoutez les lanières de bœuf et faites-les dorer sur toutes les faces, puis incorporez rapidement le pak-choï.

3 Versez la sauce soja, 2 cuillerées à soupe d'eau et remuez. Portez à ébullition, puis incorporez les nouilles. Détachez-les en remuant jusqu'à les enrober complètement de sauce. Servez aussitôt.

• Par portion : 499 Calories – Protéines : 32 g – Glucides : 53,8 g – Lipides : 18,9 g (dont 3,1 g de graisses saturées) – Fibres : 3,8 g – Sel : 2,52 g – Sucres ajoutés : 1,6 g.

Un basique à décliner selon vos envies, en remplaçant, par exemple, les lardons par des dés de poivron.

Spaghettis à la sauce tomate

Pour 2 personnes
Préparation et cuisson : 25 min

- 5 tomates
- 140 g de spaghettis
- 3 cuill. à soupe d'huile d'olive
- 100 g de lardons
- 2 gousses d'ail
- 50 à 80 g de fromage de chèvre frais
- 1 poignée de feuilles de basilic et/ou de ciboulette hachées
- sel et poivre du moulin

1 Plongez les tomates dans de l'eau bouillante pendant 1 minute. Rafraîchissez-les ensuite dans de l'eau glacée, égouttez-les et pelez-les. Coupez-les en quatre, épépinez-les et hachez la chair.

2 Faites cuire les pâtes dans un grand volume d'eau bouillante salée.

3 Pendant ce temps, chauffez 1 cuillerée à soupe d'huile d'olive dans une poêle et faites revenir les lardons jusqu'à ce qu'ils soient croustillants. Hachez l'ail et mettez-le dans la poêle avec la tomate et le reste d'huile d'olive. Salez et poivrez. Laissez frémir 1 ou 2 minutes.

4 Égouttez les pâtes et versez-les dans la poêle en mélangeant pour les enrober de sauce. Répartissez le tout dans deux assiettes creuses, émiettez le fromage de chèvre sur les spaghettis et parsemez d'herbes.

• Par portion : 637 Calories – Protéines : 23 g – Glucides : 63 g – Lipides : 35 g (dont 10 g de graisses saturées) – Fibres : 5 g – Sel : 1,98 g – Pas de sucres ajoutés.

Les pâtes farcies se déclinent en une grande variété de formes et de saveurs.

Tortellinis aux tomates cerises

Pour 2 personnes
Préparation et cuisson : 10 min

- 250 g de tortellinis aux épinards et à la ricotta
- 1 cuill. à soupe d'huile d'olive
- 250 g de tomates cerises
- 40 g de persil plat haché
- 3 cuill. à soupe de parmesan râpé
- sel et poivre du moulin

1 Dans une casserole d'eau bouillante salée, faites cuire les pâtes quelques minutes (elles doivent rester légèrement fermes). Pendant ce temps, chauffez l'huile dans une poêle et faites-y revenir les tomates jusqu'à ce que leur peau se craquelle.

2 Égouttez les pâtes en réservant un peu d'eau de cuisson. Remettez les tomates sur feu vif.

3 Ajoutez les pâtes, le persil, l'eau de cuisson réservée et une bonne partie du parmesan. Augmentez le feu, mélangez et achevez la cuisson. Salez et poivrez. Servez avec le reste de parmesan.

• Par portion : 482 Calories – Protéines : 18 g – Glucides : 62 g – Lipides : 20 g (dont 8 g de graisses saturées) – Fibres : 4 g – Sel : 1,5 g – Pas de sucres ajoutés.

Pour un plat plus économique, remplacez les asperges par des bâtonnets de courgette.

Saumon aux asperges vertes

Pour 2 personnes
Préparation et cuisson : 20 min

- 2 filets de saumon de 140 g
- 100 g d'asperges vertes
- 410 g de haricots cannellini en conserve
- 2 poignées de pousses d'épinards

POUR LA VINAIGRETTE

- 3 cuill. à soupe d'huile d'olive
- 2 cuill. à café de moutarde en grains
- le jus de 1/2 citron
- sel et poivre du moulin

1 Dans un cuit-vapeur, portez de l'eau à ébullition. Faites-y cuire les filets de saumon à la vapeur pendant 3 minutes jusqu'à ce qu'ils changent de couleur. Ajoutez les asperges et prolongez la cuisson de 4 ou 5 minutes jusqu'à ce qu'elles soient tendres.

2 Pendant ce temps, préparez la vinaigrette en mélangeant au fouet l'huile d'olive, la moutarde et le jus de citron. Salez et poivrez selon votre goût.

3 Égouttez et rincez les haricots. Dans un plat creux, réunissez les haricots et les pousses d'épinards.

4 Une fois les asperges cuites, disposez-les délicatement dans le plat et arrosez le tout de vinaigrette. Au moment de servir, placez les filets de saumon sur les légumes.

• Par portion : 565 Calories – Protéines : 41 g – Glucides : 25 g – Lipides : 32 g (dont 5 g de graisses saturées) – Fibres : 9 g – Sel : 2 g – Pas de sucres ajoutés.

Cuites au four à micro-ondes, à température maximale, vos papillotes seront également savoureuses... et prêtes en seulement 3 minutes !

Papillotes de saumon à la semoule

Pour 2 personnes
Préparation et cuisson : 25 min
(+ 10 min de repos)

- 20 cl de bouillon de légumes
- 110 g de semoule de couscous au citron et à l'ail
- 1 cuill. à soupe d'huile d'olive
- 4 ciboules
- 4 quartiers de tomates séchées ou confites
- 1 poignée d'herbes aromatiques hachées (persil, thym, estragon et romarin)
- 2 filets de saumon de 140 g
- sel et poivre du moulin

1 Faites chauffer le bouillon. Mettez la semoule dans un bol, puis versez le bouillon et l'huile. Couvrez de film alimentaire et laissez reposer 10 minutes. Retirez le film et aérez la graine de couscous avec une fourchette. Émincez finement les ciboules et hachez les tomates. Réservez quelques herbes et ajoutez le reste à la semoule avec les ciboules et les tomates. Salez et poivrez, si nécessaire.

2 Préchauffez le four à 200 °C (therm. 6-7). Découpez deux rectangles de papier sulfurisé et répartissez la semoule au centre des deux feuilles. Posez sur le couscous les filets de saumon et parsemez avec le reste d'herbes.

3 Repliez les feuilles de papier sulfurisé et rabattez les bords pour fermer hermétiquement les papillotes. Posez-les sur la plaque du four et laissez cuire de 10 à 15 minutes : le poisson doit être ferme au toucher. Servez aussitôt, en papillotes.

• Par portion : 504 Calories – Protéines : 36 g – Glucides : 39 g – Lipides : 24 g (dont 5 g de graisses saturées) – Fibres : 1 g – Sel : 2,71 g – Sucres ajoutés : 5 g.

Vous pouvez aussi savourer cette salade fraîche et parfumée avec des blancs de poulet grillés ou d'autres grillades.

Poisson grillé et salade d'avocat

Pour 2 personnes
Préparation et cuisson : 15 min

- 1 avocat
- 2 tomates
- 1 oignon rouge
- 3 cuill. à soupe d'huile d'olive + 1 filet pour arroser
- le jus de 1/2 citron jaune ou vert
- 1 petit bouquet de coriandre
- 2 filets de poisson de 140 g avec la peau (cabillaud ou flétan)
- sel et poivre du moulin

1 Coupez l'avocat en deux, dénoyautez-le et récupérez la chair à l'aide d'une cuillère à café. Coupez les tomates en six et émincez finement l'oignon. Mélangez délicatement tous ces ingrédients avec l'huile, le jus de citron et quelques feuilles de coriandre. Réservez cette salade.

2 Faites chauffer un gril sur feu vif. Salez et poivrez le poisson, puis arrosez-le d'un peu d'huile. Lorsque le gril est bien chaud, faites griller le poisson 2 ou 3 minutes sur chaque face (côté peau en premier) jusqu'à ce qu'il soit caramélisé. Servez avec la salade d'avocat et décorez de quelques feuilles de coriandre.

• Par portion : 423 Calories – Protéines : 28 g – Glucides : 6 g – Lipides : 32 g (dont 4 g de graisses saturées) – Fibres : 3 g – Sel : 0,25 g – Pas de sucres ajoutés.

Une manière originale d'utiliser du thon en conserve pour un repas complet et rapide à préparer.

Frittata au thon et à la feta

Pour 2 personnes
Préparation et cuisson : 10 min

- 4 oignons nouveaux
- 100 g de thon en conserve
- 85 g de feta
- 4 œufs
- 1 cuill. à soupe d'huile d'olive
- sel et poivre du moulin

POUR SERVIR

- salade verte

1 Émincez les oignons en biais, égouttez le thon et émiettez-le ainsi que la feta. Dans un saladier, battez les œufs en omelette, puis incorporez les oignons, la feta et le thon. Salez (sans excès, la feta étant déjà salée) et poivrez.

2 Préchauffez le gril du four à température moyenne. Dans une poêle, faites chauffer l'huile. Versez le mélange aux œufs et laissez prendre sans remuer pendant 5 minutes.

3 Passez la poêle 3 ou 4 minutes sous le gril du four chaud jusqu'à obtenir une belle couleur dorée. Coupez en quatre parts et servez avec une salade verte.

• Par portion : 607 Calories – Protéines : 35,8 g – Glucides : 1,2 g – Lipides : 51 g (dont 16,5 g de graisses saturées) – Fibres : 0,2 g – Sel : 2,16 g – Pas de sucres ajoutés.

Cette recette est très rapide à réaliser :
elle convient donc parfaitement pour un dîner en semaine.

Crevettes sautées aux épinards

Pour 2 personnes
Préparation et cuisson : 10 min

- 2 gousses d'ail
- 3 cuill. à soupe d'huile d'arachide
- 1 poivron rouge
- 200 g de grosses crevettes crues décortiquées
- 2 cuill. à soupe de sauce soja ou de sauce nuoc-mâm
- 100 g de jeunes pousses d'épinards

POUR SERVIR

- nouilles chinoises aux œufs (facultatif)

1 Hachez finement l'ail. Placez un wok sur feu moyen. Faites-y chauffer 2 cuillerées à soupe d'huile, puis ajoutez l'ail. Faites-le revenir jusqu'à ce qu'il blondisse, puis sortez-le du wok à l'aide d'une écumoire et laissez-le égoutter sur du papier absorbant.

2 Épépinez le poivron et découpez-le en lanières. Faites-le cuire dans le wok pendant 1 minute jusqu'à ce qu'il soit tendre, puis ôtez-le et réservez. Faites chauffer l'huile restante, puis mettez les crevettes préalablement essuyées. Faites-les sauter 2 ou 3 minutes jusqu'à ce qu'elles soient cuites et légèrement dorées, puis versez la sauce soja. Ajoutez les épinards et faites-les revenir.

3 Remettez le poivron et l'ail dans le wok pour les faire réchauffer. Servez aussitôt avec, par exemple, des nouilles chinoises aux œufs.

• Par portion : 269 Calories – Protéines : 21 g – Glucides : 7 g – Lipides : 18 g (dont 3 g de graisses saturées) – Fibres : 2 g – Sel : 3,38 g – Pas de sucres ajoutés.

Ce plat est délicieux avec un peu de feta émiettée à ajouter en fin de cuisson.

Ragoût de bœuf à l'italienne

Pour 2 personnes
Préparation et cuisson : 30 min

- 1/2 oignon
- 1 gousse d'ail
- 1 poivron jaune
- 200 g de tomates
- 1 cuill. à soupe d'huile d'olive
- 150 g de bifteck
- 1 brin de romarin haché
- 1 poignée d'olives dénoyautées

POUR SERVIR

- purée de pommes de terre ou polenta (facultatif)

1 Coupez l'oignon en rondelles, hachez l'ail, épépinez et détaillez le poivron en fines lanières et concassez les tomates.

2 Dans une cocotte, faites revenir l'oignon et l'ail 5 minutes avec l'huile d'olive, jusqu'à ce qu'ils soient tendres et commencent à blondir.

3 Coupez le bœuf en fines lanières. Ajoutez la viande dans la cocotte avec le poivron, puis les tomates et le romarin. Portez à ébullition, puis laissez mijoter 15 minutes, jusqu'à ce que la viande soit cuite, en ajoutant de l'eau bouillante, si nécessaire.

4 Ajoutez les olives, mélangez et servez avec de la purée de pommes de terre ou de la polenta.

• Par portion : 210 Calories – Protéines : 19,3 g – Glucides : 9,4 g – Lipides : 10,9 g (dont 2,3 g de graisses saturées) – Fibres : 3,3 g – Sel : 1,33 g – Pas de sucres ajoutés.

Cette garniture pimentée apportera une touche raffinée à une simple pizza toute prête.

Pizza au chorizo et au piment

Pour 2 personnes
Préparation et cuisson : 30 min

- 1 pizza à la tomate et au fromage toute prête
- 70 g de chorizo
- 175 g de poivrons rouges grillés en bocal
- 1 pincée de piment en poudre
- 50 g de cheddar râpé (ou fromage à pâte pressée, type cantal)
- olives noires

1 Préchauffez le four à la température indiquée sur l'emballage de la pizza. Coupez le chorizo en tranches, égouttez et coupez les poivrons en lanières. Déballez la pizza et répartissez dessus le chorizo et les poivrons.

2 Râpez le fromage. Parsemez la pizza de piment et de fromage, puis ajoutez les olives.

3 Faites cuire la pizza en suivant les instructions figurant sur l'emballage (environ 15 minutes) jusqu'à ce que le fromage soit fondu et doré.

• Par portion : 792 Calories – Protéines : 36,2 g – Glucides : 59,3 g – Lipides : 47,3 g (dont 17,3 g de graisses saturées) – Fibres : 5,5 g – Sel : 4,14 g – Pas de sucres ajoutés.

Pour un déjeuner ou un dîner léger, servez cette omelette accompagnée d'une salade mélangée et de tomates.

Omelette aux poireaux

Pour 2 personnes
Préparation et cuisson : 15 min

- 1 poireau
- 1 cuill. à soupe d'huile d'olive
- 1 noisette de beurre
- 4 œufs
- 100 g de cantal
- sel et poivre du moulin

1 Émincez le poireau. Chauffez l'huile dans une poêle pendant quelques secondes, puis ajoutez le beurre. Lorsqu'il s'arrête de mousser, ajoutez les poireaux et faites-les suer 4 minutes sans coloration.

2 Battez les œufs, puis versez-les dans la poêle en en recouvrant le fond. Salez et poivrez, si nécessaire. Laissez prendre de 3 à 5 minutes.

3 Émiettez le fromage sur l'omelette et poursuivez la cuisson encore 1 minute. Pliez l'omelette en deux. Découpez-la en deux parts avant de servir.

• Par portion : 448 Calories – Protéines : 28 g – Glucides : 2 g – Lipides : 37 g (dont 16 g de graisses saturées) – Fibres : 2 g – Sel : 1,09 g – Pas de sucres ajoutés.

Le mariage réussi de deux savoureuses traditions culinaires !

Magrets de canard et petits pois à la menthe

Pour 2 personnes
Préparation et cuisson : 25 à 35 min

- 50 g de beurre ramolli
- 15 feuilles de menthe ciselées
- 2 magrets de canard
- thym et origan séchés (ou herbes de Provence)
- huile
- 250 g de petits pois écossés ou 800 g si non écossés
- sel

POUR SERVIR
- pommes de terre nouvelles

1 Mélangez le beurre et la menthe. Épongez les magrets avec du papier absorbant. Entaillez la peau en la quadrillant, sans atteindre la chair. Salez et saupoudrez d'herbes séchées.

2 Faites chauffer un gril huilé à feu vif. Faites-y griller les magrets, peau en dessous, pendant 10 minutes en surveillant la cuisson (attention aux projections de graisse). Lorsque la peau est dorée et a rendu sa graisse, versez le jus de cuisson dans un bol. Retournez les magrets et laissez-les cuire de 5 à 10 minutes, selon la cuisson souhaitée. Réservez hors du feu.

3 Pendant ce temps, faites cuire les petits pois de 3 à 5 minutes dans de l'eau bouillante salée. Ils doivent rester fermes. Rafraîchissez-les dans de l'eau glacée, égouttez-les, puis remettez-les dans la casserole chaude avec le beurre à la menthe.

4 Servez les magrets avec les petits pois et des pommes de terre nouvelles au beurre.

• Par portion : 742 Calories – Protéines : 40 g – Glucides : 15 g – Lipides : 59 g (dont 24 g de graisses saturées) – Fibres : 6 g – Sel : 0,61 g – Pas de sucres ajoutés.

Les cuisses de canard doivent cuire doucement afin que la chair se détache et que les sucs de cuisson parfument bien la sauce.

Cuisses de canard rôties et sauce au vin

Pour 2 personnes
Préparation et cuisson : 1 h 20

- 2 cuisses de canard
- 1 bouquet de romarin
- 2 gousses d'ail
- 1 pincée de cinq-épices
- 20 cl de vin rouge
- 1 cuill. à soupe de gelée de groseille ou de coing
- sel

POUR SERVIR
- pommes de terre nouvelles
- herbes fraîches ciselées

1 Préchauffez le four à 190 °C (therm. 6-7). Posez les cuisses de canard dans un plat à rôtir, sur le romarin mélangé aux gousses d'ail. Salez et saupoudrez de cinq-épices. Enfournez et faites cuire pendant 1 heure.

2 Portez le vin et la gelée à léger frémissement en remuant pour diluer la gelée. Laissez frémir 4 minutes.

3 Au bout de 1 heure, sortez le plat du four et dégraissez-le (conservez la graisse pour faire sauter des pommes de terre). Versez le vin dans le plat et remettez au four de 10 à 15 minutes pour parfaire la cuisson et laissez réduire la sauce. Servez avec des pommes de terre nouvelles, sautées ou non, parsemées d'herbes fraîches.

• Par portion : 375 Calories – Protéines : 36,3 g – Glucides : 5 g – Lipides : 15,4 g (dont 4,3 g de graisses saturées) – Pas de fibres – Sel : 0,77 g – Sucres ajoutés : 3,2 g.

Cette purée accompagne à merveille un filet de bœuf.

Filet de bœuf et purée de cannellinis

Pour 2 personnes
Préparation et cuisson : 40 min
(+ 2 h 15 de repos au minimum)

- 4 cuill. à soupe d'huile d'olive
- 1 cuill. à soupe de romarin effeuillé
- 1 cuill. à soupe de thym effeuillé
- 280 g de filet de bœuf
- 50 g de beurre
- 1 oignon
- 2 gousses d'ail
- 410 g de haricots cannellini en conserve
- 200 g de chou frisé de Milan
- 3 cuill. à soupe de bouillon de volaille ou d'eau
- 1 cuill. à soupe de raifort
- 3 cuill. à soupe de persil plat haché
- 2 cuill. à soupe d'huile d'olive pour arroser
- sel et poivre du moulin

1 Dans un plat creux, mélangez la moitié de l'huile avec le romarin, le thym et du poivre. Enrobez-en la viande et laissez mariner de 2 heures à 1 nuit au frais.

2 Sortez la viande. Faites chauffer un gril à feu vif. Essuyez la viande et faites-la cuire de 4 à 6 minutes sur chaque face jusqu'à ce qu'elle soit saignante. Laissez reposer 15 minutes. Chauffez 1 cuillerée à soupe d'huile et la moitié du beurre dans une poêle. Hachez finement l'oignon et écrasez l'ail. Faites-les revenir de 8 à 10 minutes, sans coloration. Ajoutez les haricots, égouttés et rincés, et laissez cuire 1 ou 2 minutes.

3 Dans une autre poêle, chauffez le reste d'huile et de beurre. Émincez le chou, faites-le revenir 1 ou 2 minutes, puis versez le bouillon. Salez et poivrez. Laissez cuire quelques minutes jusqu'à l'évaporation du liquide. Ajoutez le raifort aux haricots, écrasez et mélangez avec le persil. Salez et poivrez, si nécessaire. Coupez la viande en quatre tranches. Servez arrosé d'huile d'olive avec la purée de cannellinis et le chou.

• Par portion : 890 Calories – Protéines : 44 g – Glucides : 36 g – Lipides : 65 g (dont 21 g de graisses saturées) – Fibres : 12 g – Sel : 0,83 g – Pas de sucres ajoutés.

Une viande tendre et savoureuse qui fond dans la bouche...
Un vrai délice !

Rôti de bœuf aux échalotes

Pour 2 personnes
Préparation et cuisson : 50 à 60 min
(+ 5 min de repos)

- 400 g de faux-filet en un morceau
- 1 cuill. à soupe d'huile végétale
- 1 noix de beurre
- sel et poivre noir concassé

POUR LA SAUCE
- 6 échalotes
- 1 branche de thym frais
- 1 feuille de laurier
- 20 cl de vin rouge
- 10 cl de bouillon de bœuf

POUR SERVIR
- haricots verts et pommes de terre

1 Préchauffez le four à 220 °C (therm. 7-8). Salez et poivrez la viande. Dans une poêle à fond épais, faites chauffer l'huile, puis le beurre. Saisissez le faux-filet 1 ou 2 minutes sur chacune de ses faces. Transférez la viande dans un plat à four, puis baissez le feu.

2 Préparez la sauce. Épluchez les échalotes et coupez-les en deux. Faites-les revenir de 6 à 8 minutes dans la poêle, jusqu'à ce qu'elles soient tendres. Ajoutez le thym et le laurier, augmentez le feu et versez le vin. Portez à petite ébullition pendant 5 minutes, tout en remuant, jusqu'à ce que la sauce réduise. Versez le bouillon et portez à ébullition. Transférez la sauce dans une petite casserole et réservez.

3 Enfournez et faites rôtir le faux-filet de 15 à 30 minutes selon votre degré de cuisson préféré. Laissez reposer 5 minutes sur une planche. Ajoutez le jus de cuisson du plat à la sauce et mettez la casserole à feu doux. Découpez la viande en tranches épaisses. Servez avec des haricots verts, des pommes de terre et la sauce chaude.

• Par portion : 496 Calories – Protéines : 47 g – Glucides : 6 g – Lipides : 25 g (dont 9 g de graisses saturées) – Pas de fibres – Sel : 0,58 g – Pas de sucres ajoutés.

Un grand classique, facile à réaliser,
qui fait toujours l'unanimité.

Faux-filet et pommes pont-neuf

Pour 2 personnes
Préparation et cuisson : 1 h

- 500 g de grosses pommes de terre (type bintje)
- 2 cuill. à soupe d'huile d'olive + un peu pour badigeonner
- 2 tranches épaisses de faux-filet
- sel et poivre du moulin

POUR LA SAUCE AU RAIFORT
- 100 g de crème fraîche
- 1 ou 2 cuill. à soupe de raifort
- 2 cuill. à soupe de ciboulette hachée

POUR SERVIR
- salade verte

1 Préchauffez le four à 200 °C (therm. 6-7). Coupez les pommes de terre en grosses frites sans les peler et épongez-les avec du papier absorbant. Répartissez-les dans un plat à rôtir, arrosez-les d'huile d'olive et remuez pour bien les enrober. Poivrez. Enfournez et faites cuire de 40 à 45 minutes en remuant à mi-cuisson.

2 Préparez la sauce au raifort. Mélangez la crème fraîche, le raifort et la moitié de la ciboulette. Salez et poivrez si nécessaire.

3 Salez et poivrez les faux-filets, puis badigeonnez-les d'huile d'olive. Lorsque les frites sont presque cuites, chauffez le gril du four à température maximale et faites griller la viande 2 ou 3 minutes sur chaque face, selon son épaisseur et le degré de cuisson souhaité. Servez avec les frites salées et la sauce au raifort. Accompagnez d'une salade verte garnie de ciboulette hachée.

• Par portion : 417 Calories – Protéines : 19 g – Glucides : 47 g – Lipides : 18 g (dont 9 g de graisses saturées) – Fibres : 2 g – Sel : 2,17 g – Pas de sucres ajoutés.

Ce savoureux plat d'automne est encore meilleur avec du cidre !

Filet de porc aux pommes et à la sauge frite

Pour 2 personnes
Préparation et cuisson : 1 h à 1 h 15

- 3 navets
- 3 cuill. à soupe d'huile d'olive
- 45 g de gruyère non râpé
- 250 g de filet mignon de porc
- 1 cuill. à soupe de sauge ciselée + 6 feuilles
- 2 noisettes de beurre
- 2 pommes
- 1/2 chou frisé de Milan
- 1 verre de vin blanc sec ou de cidre
- sel et poivre du moulin

1 Préchauffez le four à 180 °C (therm. 6). Coupez les navets en morceaux, mettez-les dans un plat à rôtir et enduisez-les d'huile d'olive. Enfournez pour 20 minutes. Coupez le filet mignon en deux, dans la longueur. Entaillez profondément chaque morceau en deux dans la longueur. Introduisez dans ces entailles une tranche de fromage et de la sauge ciselée. Salez, poivrez et ficelez.

2 Dans une poêle, chauffez le reste d'huile et la moitié du beurre. Faites dorer la viande 2 ou 3 minutes sur toutes les faces. Posez-la sur les navets et prolongez la cuisson de 20 à 25 minutes.

3 Pendant ce temps, faites fondre le reste de beurre dans une poêle et faites frire la sauge 30 secondes. Réservez. Évidez les pommes, coupez-les en tranches et caramélisez-les dans la même poêle. Réservez. Émincez finement le chou et faites-le revenir jusqu'à ce qu'il soit tendre. Répartissez le chou, les pommes et la viande sur deux assiettes. Faites réduire le vin ou le cidre 3 ou 4 minutes dans la poêle, versez cette sauce autour de la viande et décorez de feuilles de sauge frites.

• Par portion : 705 Calories – Protéines : 44 g – Glucides : 30 g – Lipides : 42 g (dont 16 g de graisses saturées) – Fibres : 11 g – Sel : 1,08 g – Sucres ajoutés : 1 g.

Une recette originale et parfumée. Choisissez un gin fortement aromatisé qui donnera toute sa saveur au plat.

Côtes de porc au gin et à la coriandre

Pour 2 personnes
Préparation et cuisson : 35 à 45 min (+ 20 min de repos et 12 h de marinade)

- 2 baies de genièvre
- 4 cuill. à soupe de gin
- 1 gousse d'ail
- 1 brin de romarin ciselé
- 1 cuill. à café de graines de coriandre
- 3 cuill. à soupe d'huile d'olive
- 2 côtes de porc de 175 g, désossées
- 15 cl de jus de pomme
- 4 cuill. à soupe de crème fraîche
- sel et poivre du moulin

POUR SERVIR
- écrasée de pommes de terre et chou frisé de Milan

1 Écrasez les baies de genièvre. Chauffez le gin dans une casserole et versez-le sur les baies. Laissez infuser 20 minutes. Égouttez et réservez le gin. Pelez l'ail et hachez-le finement. Dans un bol, mélangez en les broyant l'ail, le romarin, la coriandre, les baies de genièvre et 2 cuillerées d'huile. Étalez ce mélange sur la viande, couvrez et laissez mariner, si possible, pendant 12 heures.

2 Chauffez le reste d'huile dans une poêle. Faites dorer la viande de chaque côté. Versez le gin et portez à ébullition jusqu'à évaporation du liquide. Ajoutez le jus de pomme et mélangez avec une cuillère en bois pour détacher les sucs de cuisson.

3 Laissez frémir 10 minutes jusqu'à ce que la viande soit cuite, sans laisser épaissir le jus. Réservez la viande au chaud. Versez la crème dans la poêle et portez rapidement à ébullition 1 ou 2 minutes jusqu'à obtenir une sauce sirupeuse. Salez et poivrez. Servez avec une écrasée de pommes de terre et du chou au beurre.

• Par portion : 557 Calories – Protéines : 41 g – Glucides : 10 g – Lipides : 32 g (dont 10 g de graisses saturées) – Pas de fibres – Sel : 0,35 g – Pas de sucres ajoutés.

Un plat unique, chaleureux et copieux, à partager en hiver... au coin du feu.

Agneau au citron et à l'aneth

Pour 2 personnes
Préparation et cuisson : 1 h 15

- 2 cuill. à café de farine
- 1 cuill. à soupe d'huile
- 350 g d'agneau coupé en morceaux
- 1 oignon
- 30 cl de bouillon de volaille ou de légumes chaud
- 3 cuill. à soupe d'aneth haché
- 1 feuille de laurier
- 300 g de pommes de terre
- le zeste et le jus de 1/2 citron non traité
- 1 ou 2 cuill. à soupe de crème fraîche (allégée de préférence)
- sel et poivre du moulin

POUR SERVIR

- tranches de pain croustillant (facultatif)

1 Dans un saladier, réunissez la farine, 1 pincée de sel et une généreuse quantité de poivre. Enrobez la viande de ce mélange. Hachez l'oignon.

2 Dans une cocotte, chauffez l'huile et faites fondre l'oignon 5 minutes. Ajoutez l'agneau et faites-le dorer sur toutes ses faces en remuant. Versez le bouillon, ajoutez 2 cuillerées à soupe d'aneth haché et la feuille de laurier. Portez à ébullition et laissez frémir 30 minutes.

3 Coupez les pommes de terre en tranches épaisses et ajoutez-les dans la cocotte avec le jus de citron. Prolongez la cuisson de 30 minutes jusqu'à ce que les pommes de terre soient tendres. Servez dans des petites marmites, avec la crème fraîche, quelques brins d'aneth et des zestes de citron.

• Par portion : 531 Calories – Protéines : 41 g – Glucides : 34 g – Lipides : 27 g (dont 11 g de graisses saturées) – Fibres : 3 g – Sel : 0,86 g – Pas de sucres ajoutés.

Le carré d'agneau est un morceau idéal
pour cette recette riche en parfums.

Carré d'agneau à la marocaine

Pour 2 personnes
Préparation et cuisson : 45 min
(+ 15 min de repos)

- 5 cuill. à soupe d'huile d'olive
- 1 cuill. à soupe de harissa
- 1 pincée de cumin
- 1 pincée de curcuma
- 1 pincée de paprika
- 1 pincée de coriandre en poudre
- 20 g de persil plat haché
- le jus de 1/2 citron
- 1 carré d'agneau (de 6 à 8 côtes)
- 2 carottes
- 100 g de semoule de couscous
- 15 cl de bouillon de légumes
- le jus de 1 mandarine
- 1 pincée de quatre-épices
- 20 g de menthe ciselée
- 1/2 oignon rouge
- 1 yaourt à la grecque
- 50 g d'amandes effilées grillées
- sel et poivre du moulin

1 Préchauffez le four à 220 °C (therm. 7-8). Mélangez 2 cuillerées d'huile avec la harissa, le cumin, le curcuma, le paprika, la coriandre, la moitié du persil, le jus de citron et 1 pincée de sel. Enduisez la viande de ce mélange et faites cuire au four de 15 à 20 minutes pour une viande rosée, 25 minutes pour une viande à point.

2 Pendant ce temps, épluchez et coupez les carottes en bâtonnets, puis mettez-les dans un plat à rôtir avec 1 pincée de sel et 1 cuillerée d'huile. Remuez pour en enrober les légumes. Enfournez pendant 15 minutes. Versez la semoule dans un saladier, ajoutez le bouillon chaud et laissez reposer 5 minutes. Remuez et laissez refroidir. Hachez finement l'oignon. Incorporez à la semoule le reste d'huile d'olive, le persil, le jus de mandarine, le quatre-épices, la menthe, l'oignon et les carottes. Salez et poivrez.

3 Laissez refroidir le carré d'agneau pendant 10 minutes et coupez-le en quatre. Servez avec le yaourt et la semoule parsemée d'amandes grillées.

• Par portion : 888 Calories – Protéines : 34 g – Glucides : 40 g – Lipides : 67 g (dont 18 g de graisses saturées) – Fibres : 5 g – Sel : 1,22 g – Pas de sucres ajoutés.

Préparez et dégustez à deux ce repas simple et gourmand !

Poulet au poivron et écrasée de pommes de terre

Pour 2 personnes
Préparation et cuisson : 55 min

- 3 gousses d'ail
- 3 cuill. à soupe de persil plat haché
- 3 cuill. à soupe d'huile d'olive
- 2 blancs de poulet
- 100 g de fromage de chèvre
- 1/2 poivron grillé en bocal
- branches de thym
- 300 g de pommes de terre nouvelles
- 85 g de roquette ou de cresson
- sel et poivre du moulin

1 Préchauffez le four à 200 °C (therm. 6-7). Pelez et plongez l'ail 4 ou 5 minutes dans une casserole d'eau frémissante. Égouttez et hachez-le. Mélangez l'ail avec le persil et 1 cuillerée d'huile. Coupez le chèvre en six tranches, et recoupez celles-ci en deux. Taillez le poivron en six fines lanières.

2 Faites trois incisions profondes, en diagonale, dans les blancs de poulet. Badigeonnez-les avec la moitié du mélange à l'ail en le faisant bien pénétrer dans les entailles. Dans chaque entaille, introduisez deux demi-rondelles de chèvre, une lanière de poivron et une branche de thym. Salez, poivrez et enfournez pour 30 minutes dans un plat huilé.

3 Pendant ce temps, faites cuire les pommes de terre 15 minutes dans de l'eau bouillante salée. Égouttez-les, remettez-les dans la casserole et écrasez-les grossièrement avec une fourchette. Ajoutez la salade et mélangez. Incorporez le reste d'huile dans le mélange à l'ail, salez, poivrez et ajoutez-le à l'écrasée de pommes de terre. Servez avec les blancs de poulet et le jus de cuisson.

• Par portion : 562 Calories – Protéines : 46 g – Glucides : 30 g – Lipides : 29 g (dont 3 g de graisses saturées) – Fibres : 4 g – Sel : 0,88 g – Pas de sucres ajoutés.

Pour un plat plus consistant, accompagnez ce poulet de tagliatelles ou de pommes de terre nouvelles.

Roulés de poulet à la sauce moutarde

Pour 2 personnes
Préparation et cuisson : 1 h

- 2 blancs de poulet de 150 g
- 6 fines tranches de lard non fumé, sans la couenne
- 250 g de feuilles d'épinards
- 60 g de fromage de chèvre demi-sec
- 2 cuill. à soupe d'huile d'olive
- 20 cl de bouillon de légumes ou de volaille
- 20 cl de vin blanc sec
- 10 cl de crème fraîche
- 1 cuill. à café bombée de moutarde en grains
- poivre du moulin

1 Aplatissez les blancs de poulet jusqu'à ce qu'ils aient une fois et demie leur taille initiale. Sur une planche, disposez 3 tranches de lard à plat, en rectangle et en les faisant se chevaucher. Posez dessus 1 blanc de poulet. Couvrez de 4 feuilles d'épinards. Faites de même avec le second blanc. Coupez le fromage en dés, posez-les au milieu et poivrez. Enroulez le tout et maintenez avec des piques ou de la ficelle.

2 Chauffez la moitié de l'huile dans une poêle. Faites cuire les roulés à feu vif 3 ou 4 minutes de chaque côté jusqu'à ce que le lard soit doré. Versez le bouillon et le vin. Laissez frémir 20 minutes en retournant les roulés à mi-cuisson. Retirez-les de la poêle et incorporez la crème et la moutarde.

3 Chauffez le reste d'huile dans une poêle, ajoutez les épinards et salez. Couvrez et laissez cuire 2 minutes. Pressez pour extraire l'eau. Servez les roulés coupés en deux avec la sauce et les épinards.

• Par portion : 773 Calories – Protéines : 58 g – Glucides : 5 g – Lipides : 51 g (dont 23 g de graisses saturées) – Fibres : 3 g – Sel : 3,59 g – Pas de sucres ajoutés.

Si vous le souhaitez, ajoutez sur le gril des tomates cerises, des oignons coupés en deux et des citrons.

Poulet en crapaudine

Pour 2 personnes
Préparation et cuisson : 1 h
(+ 30 min de marinade
et 10 min de repos)

- 1 poulet de 1,5 kg en crapaudine (ouvert et aplati)
- bière ou eau pour arroser

POUR LA MARINADE
- 1 gousse d'ail
- 3 cuill. à soupe d'huile d'olive + 1 filet pour le plat
- 1 cuill. à café de paprika + 1 pincée pour le plat
- le zeste et le jus de 1 citron non traité
- sel et poivre du moulin

POUR SERVIR
- quartiers de citron

1 Préparez la marinade. Écrasez la gousse d'ail. Dans un saladier, mélangez l'huile d'olive, le paprika, l'ail et le zeste de citron. Salez et poivrez. Badigeonnez la peau du poulet de ce mélange et laissez-le mariner 30 minutes au réfrigérateur.

2 Préparez et faites chauffer le barbecue. Faites cuire le poulet 5 minutes sur chaque face au centre du barbecue, puis poussez-le sur le côté pour le faire cuire plus doucement. Retournez-le et arrosez d'un peu d'eau ou de bière de temps en temps. Prolongez la cuisson jusqu'à ce que le jus soit blanc, et non plus rose-sang, lorsque vous piquez une partie charnue avec une fourchette.

3 Retirez le poulet du feu et laissez-le reposer 10 minutes, recouvert d'une feuille d'aluminium. Découpez le poulet, arrosez de jus de citron et de 1 filet d'huile d'olive, puis saupoudrez de paprika. Salez et poivrez. Servez avec des quartiers de citron.

• Par portion : 650 Calories – Protéines : 59 g – Glucides : 1 g – Lipides : 45 g (dont 14 g de graisses saturées) – Fibres : 1 g – Sel : 0,91 g – Pas de sucres ajoutés.

Invitez le soleil à votre table tout au long de l'année !

Tartelettes provençales

Pour 2 personnes
Préparation et cuisson : 55 min

- 2 oignons
- 1 noisette de beurre
- 2 cuill. à soupe d'huile d'olive + 1 filet pour arroser
- 1 cuill. à café de sucre muscovado (ou sucre roux)
- 6 pommes de terre nouvelles
- 250 g de pâte feuilletée prête à l'emploi
- 200 g de tomates cerises en grappes
- 100 g de camembert
- 6 filets d'anchois
- 6 olives noires
- 1 cuill. à soupe de pesto
- 50 g de roquette
- 100 g de haricots verts
- 1 filet de jus de citron
- feuilles de basilic
- sel et poivre du moulin

1 Émincez finement les oignons. Faites-les fondre de 15 à 20 minutes avec le beurre et la moitié de l'huile d'olive. Ajoutez le sucre et prolongez la cuisson de 3 ou 4 minutes. Réservez.

2 Dans une casserole d'eau, faites cuire les pommes de terre 10 minutes. Égouttez-les, laissez-les refroidir et coupez-les en tranches.

3 Préchauffez le four à 220 °C (therm. 7-8). Étalez la pâte en deux disques de 18 cm de diamètre. Posez-les sur une plaque de cuisson et nappez-les d'oignons. Coupez les tomates en deux (réservez 2 grappes) et le fromage en tranches. Répartissez le fromage, les pommes de terre, les demi-tomates et les anchois sur les oignons. Finissez par les grappes de tomates et les olives. Arrosez de 1 filet d'huile. Enfournez pour 15 à 20 minutes.

4 Faites cuire les haricots verts al dente dans de l'eau bouillante salée. Mélangez le pesto avec le reste d'huile. Assaisonnez la roquette et les haricots avec le jus de citron et un peu d'huile d'olive. Salez et poivrez. Arrosez les tartelettes de pesto et parsemez de basilic.

• Par portion : 1 025 Calories – Protéines : 28 g – Glucides : 93 g – Lipides : 63 g (dont 13 g de graisses saturées) – Fibres : 7 g – Sel : 3,49 g – Sucres ajoutés : 3 g.

La cuisson en papillote conserve au poisson tout son moelleux.

Truites aux endives et aux lardons

Pour 2 personnes
Préparation et cuisson : 40 min

- 4 filets de truite de 140 g avec la peau
- 2 échalotes
- 6 gousses d'ail
- 50 g de beurre ramolli
- 1 cuill. à soupe de moutarde
- 20 g de persil plat haché
- le jus de 1 citron
- 3 endives
- 50 g de lardons
- 25 g de noisettes grillées
- huile d'olive
- sel et poivre du moulin

POUR SERVIR
- quartiers de citron

1 Préchauffez le four à 200 °C (therm. 6-7). Faites trois entailles dans la peau des filets de truite. Hachez finement les échalotes et écrasez l'ail. Mélangez la moitié du beurre avec la moutarde, le persil, l'échalote, l'ail et le jus de citron. Badigeonnez-en les filets en faisant bien pénétrer dans les entailles.

2 Réservez quelques feuilles d'endive et répartissez le reste sur deux feuilles d'aluminium. Posez 1 filet de truite côté peau sur les endives, puis un second par-dessus, peau vers le haut. Salez et poivrez. Procédez de même pour les 2 autres filets. Fermez hermétiquement les papillotes, sans trop serrer. Posez-les sur une plaque de cuisson et enfournez pour 15 minutes.

3 Pendant ce temps, faites fondre le beurre restant dans une poêle et grillez les lardons et les noisettes hachées. Dressez le poisson et les endives sur deux assiettes, arrosez de jus de cuisson et de 1 filet d'huile d'olive. Parsemez de noisettes et de lardons, puis servez avec quelques feuilles d'endive et des quartiers de citron.

• Par portion : 707 Calories – Protéines : 63 g – Glucides : 9 g – Lipides : 47 g (dont 19 g de graisses saturées) – Fibres : 4 g – Sel : 2,26 g – Pas de sucres ajoutés.

Un grand classique...
subtilement relevé par les câpres !

Sole meunière

Pour 2 personnes
Préparation et cuisson : 15 min

- 3 cuill. à soupe de farine
- 2 filets de sole (ou de limande) de 140 g avec la peau
- 1 ½ cuill. à soupe d'huile d'olive ou de tournesol
- 25 g de beurre
- le jus de 1/2 citron
- 1 cuill. à soupe de câpres (facultatif)
- sel et poivre du moulin

1 Dans un plat creux, mélangez la farine avec 1 pincée de sel et du poivre. Roulez les filets de sole dans ce mélange, puis secouez-les pour ôter l'excédent de farine.

2 Dans une poêle, chauffez l'huile et faites frire les filets de sole côté peau pendant 2 minutes. Retournez-les avec une spatule et faites dorer 1 ou 2 minutes sur l'autre face.

3 Déposez les filets sur un plat chaud, salez et poivrez. Nettoyez la poêle avec du papier absorbant. Remettez-la sur le feu, ajoutez le beurre et laissez-le blondir. Versez le jus de citron et, éventuellement, les câpres. Remuez la poêle quelques secondes, remettez le poisson et arrosez de jus.

• Par portion : 361 Calories – Protéines : 26,6 g – Glucides : 17,7 g – Lipides : 20,9 g (dont 8,4 g de graisses saturées) – Fibres : 0,7 g – Sel : 0,53 g – Pas de sucres ajoutés.

Saumon teriyaki au gingembre frit

Pour 2 personnes
Préparation et cuisson : 30 min
(+ 1 h de marinade)

- 2 filets de saumon de 140 g avec ou sans la peau
- 8 morceaux de gingembre de 5 cm
- 1 cuill. à soupe d'huile de tournesol ou d'arachide + 1 cuill. à café
- 1 cuill. à café d'huile de sésame
- 1 cuill. à soupe de graines de sésame

POUR LA MARINADE

- 1 gousse d'ail
- 3 cuill. à soupe de sauce teriyaki (ou soja)
- 1 cuill. à soupe de miel
- 2 cuill. à soupe de xérès sec

POUR SERVIR

- 150 g de riz basmati ou thaï
- 250 g d'asperges vertes

1 Préparez la marinade. Écrasez l'ail. Dans un plat creux, mélangez les ingrédients de la marinade. Enrobez-en le saumon, couvrez et mettez au frais pendant 1 heure.

2 Coupez le gingembre en fins bâtonnets. Chauffez 1 cm d'huile dans une petite poêle et faites-les frire pendant 1 minute. Déposez-les sur du papier absorbant. Réservez.

3 Faites cuire le riz dans de l'eau bouillante non salée 10 minutes avant de servir. Pendant ce temps, faites chauffer l'huile dans une poêle. Réservez la marinade et faites frire le saumon entre 3 et 5 minutes sur chaque face. Mélangez l'huile de sésame avec 1 cuillerée à café d'huile végétale. Cuisez les asperges à la vapeur de 3 à 5 minutes, puis versez-les dans le mélange d'huiles. Dans une casserole, faites rapidement réduire la marinade. Dans une poêle, grillez le sésame à sec pendant 1 minute, en mélangeant. Égouttez le riz et ajoutez-y le sésame. Dressez le saumon sur les asperges, arrosez de sauce et parsemez de gingembre frit. Servez avec le riz.

• Par portion : 682 Calories – Protéines : 40 g – Glucides : 71 g – Lipides : 27 g (dont 4 g de graisses saturées) – Fibres : 3 g – Sel : 6,96 g – Sucres ajoutés : 8 g.

Faites cuire les moules à feu vif et savourez brûlant.

Moules à la crème et aux lardons

Pour 2 personnes
Préparation et cuisson : 50 min

- 200 g de pommes de terre nouvelles
- 350 g de chou frisé de Milan
- 1 oignon
- 1 gousse d'ail
- 1 cuill. à soupe d'huile d'olive ou de tournesol
- 20 cl de vin blanc sec
- 2 branches de thym
- 1 feuille de laurier
- 1 kg de moules ébarbées
- 100 g de lardons
- 2 cuill. à soupe de crème fraîche
- sel et poivre du moulin

1 Coupez les pommes de terre en deux, émincez le chou, hachez finement l'oignon et écrasez l'ail. Faites cuire les pommes de terre dans de l'eau bouillante salée de 10 à 12 minutes jusqu'à ce qu'elles soient tendres ; 2 minutes avant la fin de la cuisson, ajoutez le chou. Pendant ce temps, chauffez l'huile dans une casserole et faites blondir 2 minutes l'oignon et l'ail. Ajoutez le vin, le thym, le laurier, poivrez et portez à ébullition. Versez les moules (éliminez celles qui sont déjà ouvertes), couvrez et laissez cuire de 5 à 8 minutes en remuant jusqu'à ce que les moules soient ouvertes.

2 Faites revenir les lardons à sec, puis égouttez-les sur du papier absorbant. Égouttez les pommes de terre et le chou. Versez les moules dans une passoire en gardant le liquide de cuisson. Ôtez les herbes et les moules fermées.

3 Réchauffez le jus de cuisson, incorporez-y la crème, salez, si nécessaire, et poivrez. Répartissez dans des bols les pommes de terre et le chou, puis les moules et les lardons. Nappez de sauce. Servez aussitôt.

• Par portion : 553 Calories – Protéines : 32,4 g – Glucides : 34,3 g – Lipides : 29,3 g (dont 10,4 g de graisses saturées) – Fibres : 7 g – Sel : 2,78 g – Sucres ajoutés : 0,7 g.

Outre ses vertus diététiques, la cuisson à la vapeur conserve toute la saveur et la valeur nutritionnelle des aliments.

Bolée de légumes vapeur

Pour 2 personnes
Préparation et cuisson : 25 min

- 1 ou 2 carottes
- 1 ou 2 navets
- 1 cuill. à soupe de xérès sec
- 2 cuill. à soupe de sauce soja
- 1 courgette
- 3 champignons shiitake
- 2 ciboules
- 4 ou 6 asperges vertes
- 25 g de beurre
- 100 g de tofu fumé en cubes (facultatif)

1 Coupez les carottes en bâtonnets et les navets en quartiers. Faites mariner les carottes et les navets dans le xérès et la sauce soja pendant 10 minutes.

2 Portez de l'eau à ébullition dans un cuit-vapeur. Posez le bol de légumes dans le panier, couvrez et laissez cuire pendant 4 ou 5 minutes. Coupez la courgette en tranches de 1 cm, les champignons en quatre et la ciboule en lanières. Ajoutez les courgettes, les asperges et les champignons dans le cuit-vapeur puis mélangez. Surmontez de noisettes de beurre, de lanières de ciboule et couvrez. Laissez cuire encore 3 minutes.

3 Ajoutez, éventuellement, le tofu, et prolongez la cuisson pendant 2 minutes. Mélangez bien avant de servir.

• Par portion : 185 Calories – Protéines : 5 g – Glucides : 14 g – Lipides : 12 g (dont 7 g de graisses saturées) – Fibres : 6 g – Sel : 2,99 g – Sucres ajoutés : 1 g.

Pour gagner du temps, faites cuire le riz au four à micro-ondes et pour un maximum de saveurs, gardez les légumes bien croquants.

Riz express à l'orientale

Pour 2 personnes
Préparation et cuisson : 20 min

- 2 cuill. à soupe d'huile d'olive
- 1 oignon
- 1/2 cuill. à café de cinq-épices ou de gingembre en poudre
- 500 g de riz basmati express
- 300 à 340 g d'un mélange de légumes (châtaignes d'eau émincées, champignons, pak-choï et pousses de soja)
- 2 cuill. à soupe de sauce soja

1 Dans un wok, faites chauffer l'huile. Coupez l'oignon en morceaux et faites-le dorer. Saupoudrez de cinq-épices ou de gingembre et faites revenir 30 secondes. Ajoutez les légumes à feu vif. Cuisez rapidement 4 ou 5 minutes pour garder les légumes croquants.

2 Pendant ce temps, faites cuire le riz à cuisson express au four à micro-ondes.

3 Versez la sauce soja sur les légumes et retirez du feu. Pour obtenir plus de sauce, ajoutez 1 ou 2 cuillerées à soupe d'eau. Déposez les légumes sur le riz et servez.

• Par portion : 503 Calories – Protéines : 12 g – Glucides : 85 g – Lipides : 15 g (dont 2 g de graisses saturées) – Fibres : 5 g – Sel : 2,75 g – Pas de sucres ajoutés.

Ces oignons farcis constituent un repas végétarien idéal.
Accompagnez-les de couscous ou de riz pilaf
et d'une salade verte.

Oignons farcis à la feta

Pour 2 personnes
Préparation et cuisson : 1 h 30

- 2 oignons
- 2 cuill. à soupe d'huile d'olive + 1 filet pour arroser
- 4 branches de thym

POUR LA FARCE
- 200 g de feta
- 50 g de chapelure
- 1 piment rouge
- 6 quartiers de tomates confites
- 50 g de noix
- 1 œuf
- 1 grosse pincée de feuilles de thym
- 2 cuill. à soupe de persil haché
- sel et poivre du moulin

1 Préchauffez le four à 190 °C (therm. 6-7). Pelez les oignons et coupez-les en deux. Évidez-en délicatement l'intérieur en conservant la chair et posez-les dans un plat à gratin. Badigeonnez-les d'huile et ajoutez 1 cuillerée d'eau. Couvrez, enfournez et faites cuire de 40 à 45 minutes.

2 Pendant ce temps, préparez la farce. Hachez la chair des oignons réservée précédemment. Chauffez l'huile restante et faites dorer les oignons hachés en remuant pendant 10 minutes. Émiettez la feta, épépinez et hachez finement le piment. Égouttez les tomates confites et concassez-les ainsi que les noix. Battez l'œuf. Laissez refroidir les oignons dorés, puis mélangez-les aux trois quarts de la feta et aux ingrédients de la farce. Salez et poivrez.

3 Augmentez la température du four à 200 °C (therm. 6-7). Répartissez la farce dans les oignons, parsemez de la feta restante et du thym. Arrosez d'huile et faites gratiner pendant 25 minutes.

• Par portion : 742 Calories – Protéines : 28 g – Glucides : 35 g – Lipides : 55 g (dont 17 g de graisses saturées) – Fibres : 5 g – Sel : 5 g – Pas de sucres ajoutés.

La semoule de couscous épicée et le fromage grillé forment un duo original et parfumé.

Halloumi grillé au couscous

Pour 2 personnes
Préparation et cuisson : 20 min
(+ 5 min de repos)

- 1 tête de brocoli
- 1 poignée de pois gourmands
- 175 g de semoule couscous
- 1/2 cuill. à café de cannelle, de cumin et de coriandre en poudre
- 30 cl de bouillon de légumes
- 250 g de halloumi (ou à défaut de ce fromage chypriote, de la mozzarella)
- 1 poignée de tomates cerises
- le jus de 1/2 citron
- 1 filet d'huile d'olive
- 1 poignée de coriandre hachée

1 Divisez la tête de brocoli en bouquets et émincez les tiges. Faites-les cuire à la vapeur pendant 6 minutes. Ajoutez les pois gourmands et prolongez la cuisson de 2 minutes.

2 Pendant ce temps, mélangez la semoule et les épices dans un saladier. Chauffez le bouillon et versez-le sur la semoule. Couvrez et laissez reposer 5 minutes.

3 Chauffez une poêle ou un gril. Coupez le fromage en six ou huit tranches, faites-les dorer 2 minutes sur chaque face.

4 Coupez les tomates en deux. Ajoutez les légumes et les tomates à la semoule, puis le jus de citron, l'huile et la coriandre. Aérez la graine de couscous avec une fourchette. Répartissez sur deux assiettes et posez le fromage grillé par-dessus.

• Par portion : 711 Calories – Protéines : 40 g – Glucides : 52 g – Lipides : 39 g (dont 19 g de graisses saturées) – Fibres : 5 g – Sel : 5,12 g – Pas de sucres ajoutés.

Les différentes saveurs qui se mêlent à chaque bouchée rendent ce plat irrésistible. Il peut remplacer le sandwich du déjeuner.

Pois chiches au tamarin

Pour 2 personnes
Préparation et cuisson : 25 min

- 1 cuill. à soupe d'huile de tournesol ou d'arachide
- 1/4 de cuill. à café de graines de pavot ou de sésame
- 1 ½ cuill. à café de graines de fenouil
- 1 oignon
- 400 g de tomates en conserve
- 3 piments verts
- 2 ou 3 cuill. à café de sucre muscovado (ou sucre roux)
- 1 cuill. à café de paprika
- 1 cuill. à café de curcuma
- 410 g de pois chiches
- 1 cuill. à soupe de pâte de tamarin (dans les épiceries asiatiques ou au rayon exotique des supermarchés)
- 1 cuill. à soupe de coriandre hachée
- 125 g de pousses d'épinards

POUR SERVIR

- pains chapati (galette indienne)
- yaourt nature

1 Dans une poêle, chauffez l'huile et faites frire les graines de pavot (ou de sésame) et de fenouil pendant 10 secondes. Hachez l'oignon et ajoutez-le dans la poêle. Laissez-le dorer de 8 à 10 minutes.

2 Hachez les tomates, épépinez les piments et coupez-les en lanières. Égouttez et rincez les pois chiches. Ajoutez les tomates, les piments, le sucre, le paprika, le curcuma et les pois chiches dans la poêle. Portez à ébullition et laissez frémir pendant 10 minutes.

3 Incorporez la pâte de tamarin et la coriandre, puis les pousses d'épinards et laissez fondre doucement. Servez sur des pains chapati, accompagné de yaourt nature.

• Par portion : 334 Calories – Protéines : 16 g – Glucides : 45 g – Lipides : 11 g (dont 1 g de graisses saturées) – Fibres : 9 g – Sel : 1,34 g – Sucres ajoutés : 5 g.

Pour varier, servez les lentilles avec du riz nature.

Toasts aux lentilles à l'indienne

Pour 2 personnes
Préparation et cuisson : 20 min

- 1 oignon
- 1 cuill. à soupe d'huile
- 1/2 cuill. à café de curcuma
- 1/2 cuill. à café bombée de cumin en poudre
- 2 tomates
- 200 g de lentilles en conserve
- 1 naan nature ou à l'ail et à la coriandre
- 1 poignée de coriandre grossièrement hachée
- sel

POUR SERVIR

- yaourt nature
- quartiers de citron

1 Coupez l'oignon en quartiers. Dans une poêle, chauffez l'huile et faites dorer les quartiers d'oignon de 5 à 8 minutes en remuant de temps en temps. Incorporez le curcuma et le cumin et laissez-les cuire 1 minute en remuant pour libérer leurs parfums. Coupez les tomates en morceaux et ajoutez-les dans la poêle. Cuisez-les rapidement en remuant sans qu'elles se déforment. Égouttez les lentilles, puis versez-les dans la poêle.

2 Pendant ce temps, coupez le naan en deux et passez-le sous le gril ou au grille-pain sans coloration.

3 Versez 2 cuillerées à soupe d'eau dans la poêle et faites frémir. Ajoutez la coriandre, salez, et nappez les moitiés de naan du mélange de légumes. Servez chaud avec 1 cuillerée de yaourt nature et des quartiers de citron.

• Par portion : 376 Calories – Protéines : 12,2 g – Glucides : 57,4 g – Lipides : 12,4 g (dont 3,3 g de graisses saturées) – Fibres : 4,9 g – Sel : 2,08 g – Sucres ajoutés : 1,8 g.

Voilà une très bonne idée de dîner équilibré et savoureux !

Couscous aux épinards et à la coriandre

Pour 2 personnes
Préparation et cuisson : 30 min
(+ 10 min de repos)

- 1 oignon
- 3 gousses d'ail
- 1 cuill. à soupe d'huile d'olive
- 2 cuill. à café de coriandre en poudre
- 410 g de pois chiches
- 2 cuill. à soupe de coulis de tomates
- 175 g de semoule de couscous
- 1 bouquet de coriandre finement hachée
- 30 cl de bouillon de légumes
- 175 g de tomates cerises
- 250 g de pousses d'épinards
- poivre du moulin

1 Hachez grossièrement l'oignon et écrasez les gousses d'ail. Chauffez l'huile dans une poêle et faites revenir l'oignon. Ajoutez la coriandre en poudre, l'ail et faites revenir encore 2 minutes. Égouttez les pois chiches. Incorporez le coulis de tomates, les pois chiches et 15 cl d'eau. Portez à ébullition, couvrez et laissez frémir pendant 5 minutes.

2 Pendant ce temps, mélangez la semoule et la coriandre dans un saladier. Chauffez le bouillon et versez-le sur la semoule. Couvrez hermétiquement avec du film étirable. Laissez reposer pendant 10 minutes.

3 Ajoutez les tomates cerises et les épinards dans la poêle et faites-les cuire rapidement. Remuez et poivrez. Aérez les graines de couscous avec une fourchette. Salez si nécessaire. Servez la semoule surmontée des légumes.

• Par portion : 624 Calories – Protéines : 26,3 g – Glucides : 96 g – Lipides : 17,3 g (dont 4 g de graisses saturées) – Fibres : 15,7 g – Sel : 0,95 g – Pas de sucres ajoutés.

Choisissez du fromage à maturité pour parfumer cette tortilla.

Tortilla aux pommes de terre

Pour 2 personnes
Préparation et cuisson : 40 min

- 1 pomme de terre
- 1 cuill. à soupe d'huile de tournesol
- 1 oignon
- 1 poivron rouge
- 6 œufs
- 1 poignée de fromage râpé (gruyère, ou cheddar, à râper)
- poivre du moulin

POUR SERVIR
- salade verte (facultatif)

1 Coupez la pomme de terre en huit, en conservant la peau. Dans une poêle, chauffez l'huile et faites frire doucement les morceaux de pomme de terre de 15 à 20 minutes en les retournant de temps en temps pour les faire dorer sur toutes les faces. Émincez l'oignon. Retirez les pommes de terre de la poêle, mettez-y l'oignon et laissez-le blondir. Épépinez et coupez le poivron en morceaux. Ajoutez ceux-ci à la poêlée et cuisez-les jusqu'à ce qu'ils soient tendres. Remettez les pommes de terre.

2 Préchauffez le gril du four à température maximale. Battez les œufs en omelette, poivrez-les généreusement et versez-les dans la poêle. Remuez pour bien répartir le mélange.

3 Laissez prendre l'omelette, puis parsemez-la de fromage râpé. Passez quelques minutes sous le gril pour faire fondre et dorer le fromage. Coupez la tortilla en quatre et servez, éventuellement, avec une salade verte.

• Par portion : 467 Calories – Protéines : 28 g – Glucides : 23 g – Lipides : 30 g (dont 9 g de graisses saturées) – Fibres : 2 g – Sel : 0,89 g – Pas de sucres ajoutés.

Une omelette particulièrement crémeuse et généreusement épicée.

Omelette pimentée au fromage

Pour 2 personnes
Préparation et cuisson : 10 min

- 2 ciboules
- 1 poignée de coriandre
- 2 pincées de piment en poudre ou 1 cuill. à café de piment rouge
- 4 œufs
- 2 cuill. à soupe d'huile de tournesol
- 50 g de fromage râpé (gruyère, ou cheddar doux, à râper)
- sel et poivre du moulin

1 Hachez finement les ciboules, la coriandre, et le piment s'il est frais. Battez 2 œufs en omelette, salez et poivrez. Dans une poêle, chauffez 1 cuillerée à soupe d'huile, ajoutez la moitié des ciboules, de la coriandre et du piment et faites fondre rapidement pendant 1 ou 2 secondes. Versez les œufs battus et remuez jusqu'à ce qu'ils soient pris aux deux tiers.

2 Étalez les œufs au fond de la poêle, parsemez de la moitié du fromage et laissez prendre 1 minute. L'omelette doit rester crémeuse, mais le fromage doit être fondu.

3 Avec une spatule, pliez l'omelette en deux et glissez-la sur une assiette. Procédez de même pour préparer la seconde omelette avec les ingrédients restants et servez chaud.

• Par portion : 387 Calories – Protéines : 21,7 g – Glucides : 0,4 g – Lipides : 33,2 g (dont 10,5 g de graisses saturées) – Fibres : 0,1 g – Sel : 0,89 g – Pas de sucres ajoutés.

La courge rôtie dégage des arômes de noisette et les oignons apportent de la douceur à ce plat.

Rigatonis à la courge rôtie

Pour 2 personnes
Préparation et cuisson : 50 min

- 1 courge musquée de 700 g
- 2 oignons rouges
- 2 gousses d'ail
- 2 cuill. à soupe d'huile d'olive
- 175 g de rigatonis ou de penne
- 3 cuill. à soupe bombées de crème fraîche
- parmesan râpé (facultatif)
- sel et poivre du moulin

1 Préchauffez le four à 200 °C (therm. 6-7). Pelez et épépinez la courge, coupez-la en gros morceaux et mettez ceux-ci dans un plat à rôtir. Pelez les oignons, coupez-les en huit quartiers et émincez l'ail. Ajoutez les oignons et l'ail dans le plat. Arrosez d'huile, salez et poivrez. Mélangez pour enrober tous les ingrédients. Enfournez et faites cuire pendant 30 minutes.

2 Pendant ce temps, faites cuire les pâtes dans de l'eau bouillante salée. Égouttez et réservez 2 cuillerées à soupe d'eau de cuisson.

3 Retirez le plat du four, ajoutez l'eau de cuisson des pâtes, la crème, puis les pâtes en remuant. Poivrez, puis servez éventuellement avec du parmesan.

• Par portion : 572 Calories – Protéines : 16,7 g – Glucides : 102 g – Lipides : 13,8 g (dont 7,6 g de graisses saturées) – Fibres : 9,2 g – Sel : 0,16 g – Pas de sucres ajoutés.

Une délicieuse soupe hivernale à décliner en fonction du contenu de vos placards et de votre congélateur : ajoutez des fèves, du maïs ou des épinards...

Minestrone improvisé

Pour 2 personnes
Préparation et cuisson : 30 min

- 1 oignon
- 800 g de tomates en conserve
- 2 cuill. à soupe d'huile d'olive
- 1 cuill. à soupe de bouillon de légumes
- 1 cuill. à soupe de pesto + 1 cuill. à café pour servir
- 1 pincée de sucre
- 50 g de pâtes spéciales pour potage
- 410 g d'un mélange de légumes secs en conserve
- 200 g de légumes verts congelés (haricots verts et petits pois)
- sel et poivre du moulin

1 Hachez grossièrement l'oignon et les tomates. Dans une casserole, chauffez l'huile et faites-y fondre l'oignon haché à feu doux. Ajoutez les tomates, la valeur de quatre boîtes de conserve en eau, le bouillon, le pesto et le sucre. Salez, si nécessaire, et poivrez.

2 Augmentez le feu et portez à ébullition. Ajoutez les pâtes et laissez frémir 10 minutes en remuant de temps en temps jusqu'à ce qu'elles soient tendres.

3 Égouttez et rincez les légumes secs. Ajoutez-les dans la casserole ainsi que les légumes verts, mélangez et portez à ébullition. Couvrez et laissez frémir pendant 10 minutes en remuant de temps en temps. Rectifiez l'assaisonnement. Servez avec 1 cuillerée à café de pesto.

• Par portion : 256 Calories – Protéines : 12 g – Glucides : 33 g – Lipides : 9 g (dont 2 g de graisses saturées) – Fibres : 9 g – Sel : 2,16 g – Sucres ajoutés : 1 g.

Le citron et la menthe ajoutent une note rafraîchissante à ce plat idéal pour un soir d'été.

Pâtes aux légumes verts

Pour 2 personnes
Préparation et cuisson : 15 min

- 175 g de tagliatelles
- 250 g de courgettes
- 90 g de petits pois frais
- le zeste et le jus de 1/2 citron non traité
- 1 poignée de menthe hachée
- 125 g de ricotta
- huile d'olive
- sel et poivre du moulin

1 Faites cuire les pâtes dans de l'eau bouillante salée. Pendant ce temps, découpez les courgettes en bâtonnets d'environ 5 cm de long. Écossez les petits pois.

2 Deux minutes avant la fin de la cuisson des pâtes, ajoutez les courgettes et les petits pois et laissez-les cuire jusqu'à ce qu'ils soient tendres. Égouttez le tout et remettez dans la casserole.

3 Ajoutez le jus et le zeste de citron, la majeure partie de la menthe, salez et poivrez. Répartissez les pâtes dans deux assiettes creuses, parsemez-les de noisettes de ricotta et du reste de menthe. Arrosez-les d'huile d'olive et donnez un tour de moulin à poivre.

• Par portion : 486 Calories – Protéines : 22,1 g – Glucides : 75,6 g – Lipides : 12,7 g (dont 5,4 g de graisses saturées) – Fibres : 6,1 g – Sel : 0,19 g – Pas de sucres ajoutés.

Quelques ingrédients simples suffisent à préparer le meilleur des pique-niques.

Tortillas à la grecque

Pour 2 personnes
Préparation et cuisson : 10 min

- 2 tortillas
- 1 tomate
- 1/2 concombre
- 50 g de feta
- 6 olives noires dénoyautées (facultatif)
- 2 cuill. à soupe bombées de houmous

1 Faites chauffer les tortillas à sec dans une poêle chaude. Laissez brunir par endroits.

2 Hachez grossièrement la tomate et coupez le concombre en bâtonnets de 5 cm. Disposez la tomate, le concombre, la feta et éventuellement les olives au milieu de chaque tortilla et sur toute leur longueur. Étalez le houmous de part et d'autre. Repliez les bords pour envelopper la garniture et enroulez fermement pour former des cylindres. Coupez en deux et dégustez.

• Par portion : 297 Calories – Protéines : 10 g – Glucides : 25 g – Lipides : 18 g (dont 5 g de graisses saturées) – Fibres : 3 g – Sel : 2,08 g – Pas de sucres ajoutés.

La douceur de la courge s'accorde merveilleusement avec les saveurs contrastées du piment, des épinards et du fromage.

Courge au fromage et aux épices

Pour 2 personnes
Préparation et cuisson : 1 h 15

- 1 cuill. à café bombée de graines de coriandre
- 1/2 cuill. à café de flocons de piment
- 1/2 cuill. à café de gros sel
- 1/2 cuill. à café de grains de poivre noir
- 1 courge
- 3 cuill. à soupe d'huile d'olive
- 4 gousses d'ail
- 225 g de pousses d'épinards
- 225 g de fromage (type reblochon ou époisses) sans la croûte

1 Préchauffez le four à 200 °C (therm. 6-7). Dans un mortier, écrasez grossièrement la coriandre, le piment, le sel et le poivre. Pelez, épépinez et coupez la courge en morceaux. Mettez les morceaux de courge dans un plat à gratin, arrosez d'huile d'olive, saupoudrez de la moitié des épices et ajoutez les gousses d'ail en chemise.

2 Enfournez pendant 20 minutes. Mélangez les morceaux de courge, saupoudrez du reste d'épices et prolongez la cuisson de 20 minutes.

3 Retirez l'ail, pelez-le et remettez-le dans le plat avec les épinards. Parsemez de fromage et laissez cuire encore 2 ou 3 minutes jusqu'à ce que le fromage soit fondu.

- Par portion : 331 Calories – Protéines : 6,2 g – Glucides : 39 g – Lipides : 17,8 g (dont 2,4 g de graisses saturées) – Fibres : 7,2 g – Sel : 1,3 g – Pas de sucres ajoutés.

Accompagnez ce poisson de pommes de terre nouvelles nappées de beurre fondu.

Carrelet et fondue de poireau à l'ail et au citron

Pour 2 personnes
Préparation et cuisson : 30 min

- 1 ½ cuill. à soupe d'huile d'olive
- 2 filets de carrelet de 140 g avec la peau
- 1 gousse d'ail
- 1 poireau
- le jus de 1/2 citron
- sel et poivre du moulin

POUR SERVIR

- pommes de terre nouvelles
- quartiers de citron

1 Préchauffez le gril du four à température maximale. Huilez une plaque à four et déposez les filets de poisson, peau dessous. Salez, poivrez et arrosez-les de 1/2 cuillerée à soupe d'huile d'olive. Faites-les griller pendant 2 ou 3 minutes sans les retourner.

2 Pendant ce temps, chauffez le reste d'huile dans une poêle. Émincez finement l'ail et le poireau. Ajoutez-les dans la poêle et faites-les blondir à feu doux. Versez le jus de citron et retirez du feu.

3 Disposez les filets de poisson sur des assiettes chaudes. À l'aide d'une écumoire, posez dessus la fondue de poireau. Portez rapidement à ébullition le jus contenu dans la poêle, versez-le sur le poisson et poivrez. Servez avec des pommes de terre nouvelles et des quartiers de citron.

• Par portion : 203 Calories – Protéines : 24,6 g – Glucides : 2,6 g – Lipides : 10,5 g (dont 1,5 g de graisses saturées) – Fibres : 1,5 g – Sel : 0,68 g – Pas de sucres ajoutés.

Idéal pour un déjeuner ou un dîner léger,
ce bouillon regorge de parfums et de saveurs.

Bouillon de volaille teriyaki

Pour 2 personnes
Préparation et cuisson : 20 min

- 1,3 l de bouillon de légumes
- 1/2 cuill. à café de gingembre frais
- 1 cuill. à soupe de sauce teriyaki ou soja
- 1/4 de cuill. à café de cinq-épices
- 50 g de nouilles de riz ou aux œufs
- 50 g de champignons
- 140 g d'un mélange de légumes
- 85 g de poulet rôti sans la peau
- 1/2 cuill. à café de graines de sésame
- sauce pimentée
- sel et poivre du moulin

1 Dans une casserole, faites frémir le bouillon de légumes. Râpez le gingembre et ajoutez-le au bouillon ainsi que la sauce teriyaki ou soja et le cinq-épices.

2 Ajoutez les nouilles et laissez cuire 3 ou 4 minutes en remuant de temps en temps pour les détacher. Émincez les champignons. Incorporez-les ainsi que le mélange de légumes. Laissez cuire pendant quelques minutes, puis ajoutez le poulet coupé en lanières. Laissez frémir pendant encore 1 ou 2 minutes.

3 Salez et poivrez, si nécessaire, et versez dans des bols chauds. Saupoudrez de graines de sésame et servez avec la sauce pimentée.

• Par portion : 238 Calories – Protéines : 18,2 g – Glucides : 25,3 g – Lipides : 7,8 g (dont 1,3 g de graisses saturées) – Fibres : 2,4 g – Sel : 2,07 g – Sucres ajoutés : 0,2 g.

Servez ce poisson avec du riz thaï parfumé au jasmin et ajoutez une poignée de graines de sésame grillées avant de déguster.

Truite à la vapeur façon thaïe

Pour 2 personnes
Préparation et cuisson : 25 min

- 1 morceau de gingembre
- 1 gousse d'ail
- 1 piment rouge
- 2 filets de truite de 140 g
- le zeste râpé et le jus de 1 citron vert non traité
- 3 petits pak-choï
- 2 cuill. à soupe de sauce soja

1 Pelez et hachez finement le gingembre, l'ail et le piment épépiné. Posez les filets de truite côte à côte sur une feuille d'aluminium et parsemez de gingembre, d'ail, de piment et de zeste de citron vert. Arrosez de jus de citron. Coupez les pak-choï en quatre dans la longueur et posez-les sur les filets.

2 Arrosez-les de sauce soja et fermez la papillote en laissant suffisamment d'espace pour que la vapeur puisse circuler pendant la cuisson.

3 Faites cuire à la vapeur pendant 15 minutes. Servez aussitôt.

• Par portion : 199 Calories – Protéines : 29 g – Glucides : 4 g – Lipides : 7 g (dont 2 g de graisses saturées) – Pas de fibres – Sel : 3,25 g – Pas de sucres ajoutés.

Pour une tonalité plus exotique, remplacez les pommes de terre par des patates douces.

Poisson et frites au four

Pour 2 personnes
Préparation et cuisson : 55 min

- 400 g de pommes de terre
- 1 cuill. à soupe d'huile d'olive + 1 cuill. à soupe pour badigeonner
- 2 filets de poisson de 140 g sans la peau
- le zeste râpé et le jus de 1 citron non traité
- 1 poignée de persil plat haché
- 1 cuill. à soupe de câpres
- sel et poivre du moulin

POUR SERVIR
- 2 cuill. à soupe bombées de yaourt à la grecque

1 Préchauffez le four à 200 °C (therm. 6-7). Pelez et coupez les pommes de terre en frites. Versez 1 cuillerée à soupe d'huile dans un plat creux et enrobez-en les frites. Étalez-les sur une plaque à four et faites-les dorer pendant 40 minutes jusqu'à ce qu'elles soient croustillantes.

2 Déposez les filets dans un plat à rôtir et badigeonnez légèrement d'huile. Salez et poivrez. Arrosez de la moitié du jus de citron et faites cuire pendant 10 minutes au four. Parsemez d'un peu de persil et de zeste de citron puis remettez au four de 3 à 5 minutes.

3 Pendant ce temps, hâchez les câpres puis mélangez-les avec le yaourt, le reste de persil et de jus de citron. Salez et poivrez, si nécessaire. Servez le poisson avec les frites et le yaourt.

• Par portion : 373 Calories – Protéines : 35 g – Glucides : 41 g – Lipides : 9 g (dont 1 g de graisses saturées) – Fibres : 3 g – Sel : 0,96 g – Pas de sucres ajoutés.

Accompagnez ce délicieux plat de pâtes d'un verre de vin blanc frais.

Spaghettis alle vongole

Pour 2 personnes
Préparation et cuisson : 25 min

- 500 g de palourdes
- 2 tomates
- 2 cuill. à soupe d'huile d'olive
- 145 g de spaghettis
- 1 piment rouge
- 1 gousse d'ail
- 1/2 verre de vin blanc
- 2 cuill. à soupe de persil haché
- sel et poivre du moulin

1 Portez à ébullition un grand volume d'eau salée. Rincez plusieurs fois les palourdes à l'eau froide. Jetez les coquillages ouverts ou endommagés. Plongez les tomates dans l'eau bouillante pendant 1 minute. Passez-les sous l'eau froide, pelez-les, retirez les graines, puis hachez la chair.

2 Faites cuire les spaghettis. Épépinez le piment et hachez-le ainsi que l'ail. Chauffez l'huile dans une casserole et faites blondir l'ail et le piment pendant quelques secondes à feu doux. Ajoutez les tomates, les palourdes et le vin. Salez, poivrez et portez à ébullition. Faites cuire 3 ou 4 minutes à couvert jusqu'à ce que les palourdes s'ouvrent.

3 Égouttez les pâtes, versez-les dans la casserole, ajoutez le persil et mélangez. Servez aussitôt.

• Par portion : 409 Calories – Protéines : 16 g – Glucides : 56 g – Lipides : 13 g (dont 2 g de graisses saturées) – Fibres : 3 g – Sel : 0,10 g – Pas de sucres ajoutés.

Les gambas cuisent rapidement. Pour éviter qu'elles ne brûlent, enveloppez-les d'une feuille d'aluminium et placez-les sur le côté du barbecue.

Brochettes de gambas

Pour 2 personnes
Préparation et cuisson : 15 min
(+ 5 min de repos)

- 300 g de gambas
- 2 tiges de citronnelle

POUR LA MARINADE
- 1 cuill. à café de gingembre frais
- 1/2 piment rouge
- 1 gousse d'ail
- 2 cuill. à café d'huile d'olive
- 1 cuill. à café de sauce soja ou de sauce nuoc-mâm
- 1/2 cuill. à café de cumin en poudre
- sel et poivre du moulin

1 Préparez la marinade. Râpez le gingembre. Épépinez et coupez le demi-piment en fines lanières, puis écrasez la gousse d'ail. Mélangez les ingrédients de la marinade dans un saladier et badigeonnez-en les gambas. Laissez-les reposer pendant 5 minutes.

2 Préparez le barbecue. Enfilez les gambas sur deux piques en métal, puis placez-les sur la citronnelle au centre du gril pour les parfumer. Laissez griller les gambas 2 ou 3 minutes, en les retournant, jusqu'à ce qu'elles deviennent opaques. Retirez la citronnelle avant de servir.

• Par portion : 122 Calories – Protéines : 26,6 g – Glucides : 0,2 g – Lipides : 1,7 g (dont 0,3 g de graisses saturées) – Pas de fibres – Sel : 0,85 g – Pas de sucres ajoutés.

Pour une variante végétarienne, remplacez le poulet par du tofu coupé en cubes et sauté à la poêle pendant 5 minutes.

Soupe de nouilles au poulet

Pour 2 personnes
Préparation et cuisson : 40 min

- 1 cuill. à café de gingembre frais
- 1 gousse d'ail
- 1 l de bouillon de légumes ou de volaille
- 1 blanc de poulet de 175 g
- 50 g de nouilles de riz ou de blé
- 2 cuill. à soupe de maïs
- 2 ou 3 champignons
- 2 ciboules
- 2 cuill. à café de sauce sojar
- feuilles de menthe ou de basilic
- piment haché (facultatif)

POUR SERVIR
- sauce soja

1 Hachez le gingembre et l'ail. Dans une casserole, versez le bouillon puis ajoutez le blanc de poulet, le gingembre et l'ail. Portez à ébullition, baissez le feu et couvrez partiellement. Laissez mijoter pendant 20 minutes jusqu'à ce que le poulet soit tendre. Retirez le poulet et déchirez-le en lanières avec deux fourchettes.

2 Émincez finement les champignons et ciselez les ciboules. Remettez le poulet dans le bouillon avec les nouilles, le maïs, les champignons, la moitié des ciboules et la sauce soja. Laissez frémir 3 ou 4 minutes jusqu'à ce que les nouilles soient tendres.

3 Versez la soupe dans deux bols et parsemez du reste de ciboule, de feuilles de menthe ou de basilic et éventuellement de piment haché. Servez avec de la sauce soja.

• Par portion : 217 Calories – Protéines : 26 g – Glucides : 26 g – Lipides : 2 g (dont 0,4 g de graisses saturées) – Fibres : 0,6 g – Sel : 2,52 g – Sucres ajoutés : 1 g.

Cette salade est légère et parfumée. Vous pouvez remplacer les blancs de poulet par des escalopes de dinde.

Salade de poulet aux poivrons

Pour 2 personnes

Préparation et cuisson : 30 min

- 200 g de pommes de terre nouvelles
- 2 branches de céleri
- 1 poivron rouge
- 1/4 de concombre
- 2 ciboules
- 2 blancs de poulet de 150 g
- 1 cuill. à soupe d'huile d'olive
- 4 cuill. à soupe de vinaigrette
- sel et poivre du moulin

1 Coupez les pommes de terre en deux et faites-les cuire dans de l'eau bouillante salée de 8 à 10 minutes jusqu'à ce qu'elles soient tendres. Pendant ce temps, coupez le céleri en diagonale, épépinez le poivron et émincez-le ainsi que le concombre et les ciboules. Réunissez tous les légumes dans un saladier. Égouttez les pommes de terre et réservez-les.

2 Découpez les blancs de poulet en lanières et enrobez-les de sel et de poivre. Dans une poêle, chauffez l'huile et faites dorer le poulet de 4 à 6 minutes à feu moyen. Vérifiez la cuisson avec la pointe d'un couteau ou coupez un morceau en deux.

3 Ajoutez les pommes de terre. Versez dessus la vinaigrette, et portez à ébullition un court instant. Incorporez cette préparation aux légumes et servez aussitôt.

• Par portion : 349 Calories – Protéines : 40 g – Glucides : 30 g – Lipides : 8 g (dont 1 g de graisses saturées) – Fibres : 3 g – Sel : 0,57 g – Pas de sucres ajoutés.

Essayez aussi cette recette toute simple avec des côtes de porc.

Filet de porc aux pommes et au miel

Pour 2 personnes
Préparation et cuisson : 30 min
(+ 20 min de repos)

- 2 tranches de filet de porc dégraissées
- 1 pomme reinette rouge
- jus de citron

POUR LA MARINADE
- 1 cuill. à soupe de miel
- 5 cuill. à soupe de jus de pomme
- 2 cuill. à soupe de sauge ciselée
- 1 cuill. à café d'huile d'olive
- sel et poivre du moulin

POUR SERVIR
- riz nature et haricots verts

1 Préparez la marinade. Dans un grand bol, mélangez le miel, le jus de pomme, la sauge ciselée et l'huile. Salez et poivrez généreusement. Plongez les tranches de porc dans la marinade et laissez reposer pendant 20 minutes.

2 Préchauffez le gril du four à température moyenne. Retirez les filets de porc de la marinade et faites-les griller 3 ou 4 minutes en les arrosant de temps en temps de marinade. Évidez la pomme et coupez-la en huit. Plongez les quartiers de pomme dans le reste de marinade. Retournez la viande et ajoutez les quartiers de pomme. Prolongez la cuisson de 3 ou 4 minutes jusqu'à ce que la viande soit tendre et que les pommes soient dorées.

3 Pendant ce temps, portez le reste de marinade à ébullition. Laissez réduire d'un tiers à doux frémissement. Salez, poivrez et versez le jus de citron. Servez avec du riz et des haricots verts.

• Par portion : 313 Calories – Protéines : 33 g – Glucides : 25 g – Lipides : 10 g (dont 2 g de graisses saturées) – Fibres : 1 g – Sel : 0,25 g – Sucres ajoutés : 11 g.

Pour un plat encore plus crémeux, ajoutez aux champignons 100 g de ricotta ou de fromage frais.

Pâtes aux champignons et aux herbes

Pour 2 personnes
Préparation et cuisson : 20 min

- 3 gousses d'ail
- 250 g de champignons
- 2 cuill. à café de moutarde en grains
- 15 cl de bouillon de légumes
- 250 g de pâtes (type penne)
- 3 cuill. à soupe de persil plat haché
- le zeste de 1 citron non traité
- sel et poivre du moulin

1 Coupez les champignons en tranches épaisses et émincez l'ail. Dans une casserole, réunissez les champignons, la moutarde, l'ail, le bouillon et portez à ébullition. Laissez frémir pendant 5 minutes jusqu'à évaporation quasi complète du liquide.

2 Pendant ce temps, faites cuire les pâtes dans un grand volume d'eau bouillante salée.

3 Égouttez les pâtes et mélangez-les aux champignons avec le persil et le zeste de citron. Salez, poivrez et servez aussitôt.

• Par portion : 235 Calories – Protéines : 9 g – Glucides : 49 g – Lipides : 2 g (dont 0,2 g de graisses saturées) – Fibres : 3 g – Sel : 0,25 g – Sucres ajoutés : 2 g.

Une recette savoureuse, prête en un tour de main.

Spaghettis aux olives et à la tomate

Pour 2 personnes
Préparation et cuisson : 20 min

- 1 oignon
- 1/2 piment rouge
- 1 gousse d'ail
- 2 cuill. à soupe d'huile d'olive
- 400 g de tomates cerises ou de tomates en morceaux
- 250 g de spaghettis
- 1 ou 2 cuill. à soupe de câpres
- 1 poignée d'olives noires
- 1 bouquet de persil plat grossièrement haché

1 Émincez l'oignon, épépinez le piment (laissez les pépins pour un plat plus relevé) et hachez-le ainsi que l'ail. Dans une poêle, chauffez l'huile et faites fondre l'oignon pendant 5 minutes. Ajoutez le piment, l'ail et laissez encore 1 minute. Incorporez les tomates et laissez cuire pendant 5 minutes à petite ébullition.

2 Pendant ce temps, faites cuire les spaghettis.

3 Égouttez les câpres. Ajoutez-les dans la sauce ainsi que les olives et la moitié du persil, puis mélangez aux spaghettis. Parsemez du reste de persil et servez chaud.

• Par portion : 508 Calories – Protéines : 18 g – Glucides : 98,2 g – Lipides : 7,5 g (dont 1,1 g de graisses saturées) – Fibres : 6,6 g – Sel : 2,05 g – Pas de sucres ajoutés.

Petits pois frais et risotto onctueux constituent un plat complet délicieux et gourmand.

Risotto aux petits pois et à la menthe

Pour 2 personnes
Préparation et cuisson : 35 min

- 1 oignon
- 2 gousses d'ail
- 2 cuill. à café de bouillon de légumes déshydraté
- 1/2 cuill. à soupe d'huile d'olive
- 140 g de riz arborio
- 2 cuill. à café de jus de citron
- 175 g de petits pois ou 450 g si non écossés
- 2 cuill. à soupe de parmesan râpé
- 1 cuill. à soupe de menthe ciselée
- poivre du moulin

1 Hachez finement l'oignon et l'ail. Diluez le bouillon dans 60 cl d'eau bouillante. Chauffez l'huile dans une casserole et faites fondre l'oignon. Ajoutez l'ail, et nacrez le riz sans coloration pendant quelques minutes en remuant sans cesse. Incorporez le jus de citron et laissez absorber.

2 Recouvrez le riz de bouillon. Faites cuire à feu doux pendant 20 minutes en remuant toujours. Ajoutez du bouillon louche par louche, au fur et à mesure qu'il est absorbé par le riz.

3 Après 15 minutes de cuisson du riz, ajoutez les petits pois et laissez frémir pendant 5 minutes. La cuisson est achevée à absorption complète du bouillon. Poivrez, incorporez les trois quarts du parmesan et de la menthe. Servez parsemé du reste de parmesan et de menthe.

• Par portion : 412 Calories – Protéines : 16,8 g – Glucides : 71,8 g – Lipides : 8,4 g (dont 2,9 g de graisses saturées) – Fibres : 6,3 g – Sel : 0,44 g – Pas de sucres ajoutés.

Une recette à réaliser en 10 minutes au four à micro-ondes !

Poires au sirop d'érable et aux airelles

Pour 2 personnes
Préparation et cuisson : 10 min

- 2 poires
- 1 poignée d'airelles séchées
- 1 cuill. à soupe de sirop d'érable + 1 filet pour arroser
- 25 g de noix de pécan

POUR SERVIR

- yaourt à la grecque

1 Pelez les poires, coupez-les en deux et évidez-les avec une cuillère à café. Déposez-les dans un plat allant au four à micro-ondes, partie coupée vers le bas, puis ajoutez les airelles. Arrosez de 1 cuillerée à soupe de sirop d'érable et couvrez de film étirable.

2 Faites cuire les poires au four à micro-ondes à température maximale pendant 3 minutes en remuant à mi-cuisson. Découvrez et laissez refroidir quelques minutes. Hachez grossièrement les noix de pécan et ajoutez-les à la préparation en les enrobant de sirop.

3 Disposez les poires sur deux assiettes, arrosez-les du sirop restant et servez-les avec du yaourt à la grecque.

• Par portion : 193 Calories – Protéines : 1,6 g – Glucides : 27,9 g – Lipides : 9,1 g (dont 0,8 g de graisses saturées) – Fibres : 4,2 g – Sel : 0,02 g – Sucres ajoutés : 4,6 g.

De la glace et des meringues toutes prêtes vous permettront de réaliser ce joli dessert en un tour de main.

Meringue aux fraises

Pour 2 personnes
Préparation : 10 min

- 200 g de fraises
- 1 meringue
- glace à la fraise

1 Nettoyez les fraises. Émincez-en la moitié et écrasez le reste avec une fourchette. Répartissez la purée de fraises ainsi obtenue dans deux coupes en verre.

2 Cassez grossièrement la meringue en morceaux et répartissez-les sur la purée de fraises. Formez des boules de glace et disposez-les harmonieusement dans les coupes avec les fraises émincées.

• Par portion : 197 Calories – Protéines : 3,9 g – Glucides : 32,7 g – Lipides : 6,5 g (dont 4,3 g de graisses saturées) – Fibres : 1,1 g – Sel : 0,16 g – Sucres ajoutés : 20 g.

Pour une variante plus exotique, ajoutez au sirop la chair et le jus de deux fruits de la Passion.

Salade fraîche aux framboises et à la mangue

Pour 4 personnes
Préparation et cuisson : 10 min

- 20 cl de jus de cranberry (canneberge)
- 1 cuill. à soupe de sucre en poudre
- 1 mangue mûre
- 150 g de framboises
- 1 trait de vodka (facultatif)
- glace à la vanille

1 Dans une casserole, portez à ébullition le jus de cranberry avec le sucre en poudre. Retirez du feu et laissez refroidir.

2 Pelez et coupez la mangue en tranches fines, puis mettezcelles-ci dans un saladier avec les framboises.

3 Ajoutez éventuellement un trait de vodka au sirop, puis versez-le sur les fruits. Répartissez la salade de fruits dans des coupes et ajoutez une boule de glace à la vanille.

• Par portion : 142 Calories – Protéines : 2,1 g – Glucides : 34,4 g – Lipides : 0,5 g (pas de graisses saturées) – Fibres : 5,8 g – Sel : 0,03 g – Sucres ajoutés : 8,3 g.

Accompagnez ce dessert d'une glace à la vanille de qualité pour en faire ressortir toutes les saveurs.

Muffins au chocolat et au caramel

Pour 2 personnes
Préparation et cuisson : 10 min

- 50 g de chocolat au caramel
- 2 cuill. à soupe de crème fraîche
- 2 muffins au chocolat
- 4 cuill. à soupe de glace à la vanille

1 Dans une casserole, cassez le chocolat en morceaux. Ajoutez la crème et laissez frémir doucement en remuant jusqu'à ce que vous obteniez un mélange lisse et homogène.

2 Évidez légèrement le centre des muffins pour former un creux.

3 Introduisez un peu de glace dans chaque creux et arrosez de sauce au chocolat. Servez aussitôt.

• Par portion : 486 Calories – Protéines : 6,7 g – Glucides : 52,3 g – Lipides : 29,3 g (dont 16,1 g de graisses saturées) – Fibres : 0,6 g – Sel : 0,43 g – Sucres ajoutés : 38,8 g.

Un savoureux dessert estival, à accompagner d'une coupe de muscat doux effervescent, comme l'asti spumante italien.

Coupes chocolatées aux fruits rouges

Pour 4 personnes
Préparation et cuisson : 15 min (+ réfrigération)

- 100 g de chocolat noir
- 30 cl de crème liquide
- 550 g de fruits rouges (framboises, fraises, cerises, cassis…)
- 1 cuill. à soupe de sucre glace

1 Coupez le chocolat en morceaux. Versez la crème dans une petite casserole et retirez-la du feu juste avant l'ébullition. Ajoutez le chocolat et remuez pour le faire fondre. Laissez légèrement refroidir.

2 Réservez quelques fruits entiers pour la décoration. Dénoyautez les fruits et coupez-les en deux si nécessaire. Ajoutez le sucre glace et les fruits dans la casserole, puis remuez délicatement.

3 Répartissez le mélange dans quatre verres ou dans de jolies coupes et disposez le reste des fruits en surface. Placez les coupes au réfrigérateur jusqu'au moment de servir (vous pouvez les laisser au frais jusqu'à 3 heures).

• Par portion : 580 Calories – Protéines : 3,8 g – Glucides : 37,6 g – Lipides : 47 g (dont 26,3 g de graisses saturées) – Fibres : 3,7 g – Sel : 0,06 g – Sucres ajoutés : 28,6 g.

Mettez les fruits rouges au réfrigérateur avant de préparer ce smoothie, il sera ainsi délicieusement rafraîchissant.

Smoothie vitaminé

Pour 2 personnes
Préparation et cuisson : 5 min

- 2 bananes bien mûres
- 300 g de fruits rouges (mûres, myrtilles, framboises et fraises) + 1 poignée pour la finition
- jus de pomme (facultatif)
- miel (facultatif)

1 Coupez les bananes en rondelles. Réduisez-les avec les fruits rouges en une purée lisse à l'aide d'un mixeur.

2 Continuez à mixer tout en ajoutant éventuellement du jus de pomme ou de l'eau pour obtenir la consistance souhaitée.

3 Répartissez la purée de fruits dans des verres, décorez de quelques fruits rouges et sucrez, si vous le souhaitez, avec du miel. Servez aussitôt.

• Par portion : 115 Calories – Protéines : 2,3 g – Glucides : 27 g – Lipides : 0,5 g (dont 0,1 g de graisses saturées) – Fibres : 4,1 g – Sel : 0,02 g – Pas de sucres ajoutés.

Les fraises conviennent idéalement à ce daïquiri : elles donnent un jus lisse et onctueux.

Daïquiri aux fruits rouges

Pour 2 personnes
Préparation et cuisson : 10 min

- 350 g de fraises (ou 200 g de fraises et 200 g de framboises)
- 12 glaçons
- 2 cuill. à soupe de jus de citron jaune
- le jus de 1 citron vert
- 20 cl de rhum blanc

POUR SERVIR
- 2 tranches de citron vert

1 Si vous utilisez des framboises, commencez par les mixer, puis pressez-les dans une passoire pour en extraire les pépins.

2 Concassez les glaçons à l'aide d'un mixeur. Ajoutez-y les fruits rouges et éventuellement la pulpe de framboises, le jus de citron jaune, le jus de citron vert et le rhum.

3 Donnez un tour de mixeur et versez dans deux verres préalablement rafraîchis. Décorez de 1 tranche de citron vert et servez aussitôt.

• Par portion : 271 Calories – Protéines : 1,5 g – Glucides : 10,9 g – Lipides : 0,2 g (pas de graisses saturées) – Fibres : 2 g – Sel : 0,03 g – Pas de sucres ajoutés.

Vous pouvez préparer ces délicieux fondants
jusqu'à 4 heures à l'avance et les conserver au réfrigérateur.
Réchauffez-les ensuite 2 ou 3 minutes au four.

Cœurs fondants au chocolat

Pour 2 personnes
Préparation et cuisson : 30 min

- 50 g de beurre
- 1 cuill. à soupe d'amandes en poudre + 1 cuill. à café pour les ramequins
- 100 g de chocolat noir
- 1 œuf entier + 1 jaune
- 2 cuill. à soupe de sucre en poudre blond
- 4 cuill. à soupe de liqueur de whisky (type Irish cream)

POUR SERVIR
- sucre glace

1 Préchauffez le four à 230 °C (therm. 7-8). Confectionnez des pochoirs en traçant sur une feuille de papier un cercle de la circonférence des ramequins (ou des tasses). À l'intérieur du cercle, dessinez un cœur. Découpez le cercle, puis le cœur, pour obtenir deux pochoirs.

2 Beurrez deux ramequins et saupoudrez-les d'amandes en poudre. Cassez le chocolat en morceaux et faites-le fondre avec le beurre. Battez l'œuf entier, le jaune et le sucre en poudre jusqu'à obtention d'un mélange clair et crémeux. Incorporez délicatement le chocolat fondu, les amandes en poudre et la liqueur de whisky.

3 Répartissez le mélange dans les ramequins, enfournez et faites cuire 10 minutes jusqu'à ce que les fondants soient gonflés.

4 Posez les pochoirs sur les gâteaux, puis saupoudrez de sucre glace et retirez-les. Servez immédiatement.

• Par portion : 735 Calories – Protéines : 9 g – Glucides : 60 g – Lipides : 50 g (dont 23 g de graisses saturées) – Fibres : 2 g – Sel : 0,66 g – Sucres ajoutés : 58 g.

Ce dessert est idéal pour terminer
en beauté un dîner exotique.

Piña Colada glacée au fruit de la Passion

Pour 2 personnes
Préparation et cuisson : 15 min

- 1 fruit de la Passion
- 2 tranches d'ananas
- sucre glace
- 4 cuill. à café de rhum ou de liqueur de noix de coco
- glace à la noix de coco

1 Coupez le fruit de la Passion en deux et prélevez-en la chair. Réservez.

2 Enrobez les tranches d'ananas de sucre glace. Faites caraméliser les tranches d'ananas 3 ou 4 minutes sur chaque face dans une poêle antiadhésive.

3 Déposez chaque tranche d'ananas sur une assiette, arrosez-la de rhum, puis ajoutez une boule de glace à la noix de coco. Nappez de fruit de la Passion et servez.

• Par portion : 233 Calories – Protéines : 2,9 g – Glucides : 32,8 g – Lipides : 8,5 g (dont 6 g de graisses saturées) – Fibres : 1,6 g – Sel : 0,11 g – Sucres ajoutés : 22,8 g.

Le parfum du basilic se marie subtilement avec la douceur des pêches.

Pêche pochée au basilic et au miel

Pour 2 personnes
Préparation et cuisson : 10 min

- 1 pêche ou nectarine bien mûre
- 1 noix de beurre
- 1 cuill. à soupe de miel blond
- le jus de 1/2 orange
- 4 ou 5 feuilles de basilic ciselées

POUR SERVIR

- glace à la vanille ou au chocolat blanc

1 Dénoyautez la pêche ou la nectarine et coupez-la en grosses tranches.

2 Dans une poêle, faites fondre le beurre. Ajoutez les tranches de fruit, puis laissez-les cuire environ 3 minutes sur chaque face, jusqu'à ce qu'elles soient tendres.

2 Ajoutez le miel et remuez pour obtenir un sirop. Versez le jus d'orange et laissez frémir pendant 2 ou 3 minutes. Ajoutez le basilic et servez bien chaud, avec une ou deux boules de glace.

• Par portion : 76 Calories – Protéines : 0,7 g – Glucides : 11,4 g – Lipides : 3,3 g (dont 2,1 g de graisses saturées) – Fibres : 0,8 g – Sel : 0,01 g – Sucres ajoutés : 5,7 g.

Pour donner un peu de caractère aux figues, arrosez-les d'une cuillerée à soupe d'armagnac ou de cognac avant de les faire griller.

Figues au miel

Pour 4 personnes
Préparation et cuisson : 10 min

- 8 figues bien mûres
- 1 noix de beurre
- 4 cuill. à soupe de miel liquide
- 1 poignée de pistaches ou d'amandes
- 1 cuill. à café de cannelle en poudre

POUR SERVIR

- mascarpone ou yaourt

1 Préchauffez le gril du four à température moyenne. Entaillez en croix le haut de chaque figue, puis ouvrez-les comme des fleurs. Disposez les figues dans un plat à gratin et déposez une noix de beurre au centre de chaque fruit. Versez le miel sur les figues, parsemez de pistaches ou d'amandes et saupoudrez de cannelle.

2 Passez les figues 5 minutes sous le gril jusqu'à ce qu'elles soient tendres et la sauce un peu sirupeuse. Servez ce dessert chaud, avec un peu de mascarpone ou de yaourt.

• Par portion : 186 Calories – Protéines : 3,6 g – Glucides : 24,1 g – Lipides : 9,1 g (dont 2,8 g de graisses saturées) – Fibres : 1,7 g – Sel : 0,08 g – Sucres ajoutés : 11,5 g.

Vous manquez de temps? Réalisez ce dessert tout simple en quelques minutes !

Cookies à la crème glacée

Pour 2 personnes
Préparation et cuisson: 5 min

- 8 cuill. à soupe de glace au chocolat ou à la vanille
- 8 cookies au chocolat
- 1 poignée de myrtilles et de framboises

1 Déposez 2 petites cuillerées à soupe de glace sur la moitié des cookies.

2 Enfoncez légèrement des myrtilles et des framboises dans la glace et recouvrez d'un second cookie.

3 Réservez au congélateur ou servez aussitôt.

• Par portion : 298 Calories – Protéines : 4,8 g – Glucides : 37,7 g – Lipides : 15,2g (dont 5,2 g de graisses saturées) – Fibres : 0,9 g – Sel : 0,41 g – Sucres ajoutés : 22,6 g.

Pour ce dessert, préférez les fruits frais aux fruits congelés.

Fruits rouges glacés et sauce au chocolat blanc

Pour 2 personnes
Préparation et cuisson : 5 min

- 200 g de fruits rouges mélangés (fraises, myrtilles, framboises)

POUR LA SAUCE

- 85 g de chocolat blanc
- 70 cl de crème fraîche

1 Si les fruits sont surgelés, laissez-les légèrement se décongeler. Si les fruits sont frais, mettez-les brièvement au congélateur.

2 Préparez la sauce. Cassez le chocolat en morceaux. Versez la crème dans une casserole et ajoutez le chocolat. Chauffez doucement en remuant pour faire fondre le chocolat et obtenir une pâte lisse. Attention de ne pas trop chauffer pour ne pas dissocier la sauce.

3 Répartissez les fruits dans des coupes et nappez-les de sauce au chocolat chaude. Servez sans attendre.

• Par portion : 609 Calories – Protéines : 5,4 g – Glucides : 33,1 g – Lipides : 51,5 g (dont 29,2 g de graisses saturées) – Fibres : 2,7 g – Sel : 0,19 g – Sucres ajoutés : 20,2 g.

Ces crèmes brûlées au parfum exotique donneront un air de fête à vos fins de repas.

Crème brûlée des tropiques

Pour 2 personnes
Préparation et cuisson : 15 min
(+ 5 min de repos)

- 1/2 mangue mûre
- 1 fruit de la Passion
- 10 cl de crème fraîche
- 1 cuill. à café de rhum
- 2 cuill. à soupe de sucre blond en poudre

1. Pelez la mangue, coupez la chair en petits morceaux et répartissez-les dans deux ramequins de 20 cl. Coupez le fruit de la Passion en deux, prélevez-en la chair et déposez-la dans les ramequins.

2. Mélangez la crème fraîche avec le rhum et couvrez-en les fruits. Mettez au frais.

3. Au moment de servir, saupoudrez chaque ramequin de 1 cuillerée à soupe de sucre et faites-le caraméliser, de préférence au chalumeau (la caramélisation étant difficile à obtenir sous le gril du four). Laissez reposer et durcir 5 minutes avant de servir.

• Par portion : 289 Calories – Protéines : 1,8 g – Glucides : 25,3 g – Lipides : 20,2 g (dont 12,9 g de graisses saturées) – Fibres : 2,2 g – Sel : 0,04 g – Sucres ajoutés : 13,1 g.

Index

Crédits photographiques

L'éditeur remercie les personnes suivantes pour l'avoir autorisé à reproduire leurs photographies. En dépit de tous ses efforts pour lister les copyrights, l'éditeur présente par avance ses excuses pour d'éventuels oublis ou erreurs, et s'engage à en faire la correction dès la première réimpression du présent ouvrage.

Marie-Louise Avery p.47, p. 63, p. 119; Iain Bagwell p. 109, p. 147; Steve Baxter p. 27, p. 61, p. 87, p. 145, p. 155, p. 183, p. 189; Peter Cassidy p. 125, p. 187, p. 191, p. 201; Ken Field p. 21, p. 29, p. 33, p. 35, p. 37, p. 45, p. 51, p. 59, p. 71, p. 115, p. 143, p. 153, p. 161; Gus Filgate p. 105, p. 199; Will Heap p. 25, p. 49, p. 57, p. 181, p. 205; Lisa Linder p. 193; William Lingwood p. 13, p. 23, p. 41, p. 139; David Munns p. 11, p. 19, p. 79, p. 101, p. 113, p. 129, p. 131, p. 169, p. 173, p. 203, p. 209; Myles New p. 207; Michael Paul p. 53, p. 149, p. 157; Myles New & Craig Robertson p. 165; Craig Robertson p. 85, p. 123, p. 163, p. 179, p. 185, p. 211; Roger Stowell p. 55, p. 95, p. 97, p. 103, p. 111, p. 135, p. 137, p. 141, p. 158; Simon Walton p. 69, p. 89, p. 93, p. 175, p. 177; Cameron Watt p. 39, p. 67, p. 91, p. 121, p. 127, p. 133, p. 171; Philip Webb p. 31, p. 43, p. 65, p. 73, p. 81, p. 83, p. 117, p. 167, p. 195, p. 197; Simon Wheeler p. 75, p. 77, p. 107, p. 151; Geoff Wilkinson p. 17; Peter Williams p. 15, p. 99.

Toutes les recettes de ce livre ont été créées par l'équipe de Good Food magazine.

Imprimé en Espagne par Graficas Estella, Estella
Dépôt légal : février 2010 - 304095/01 - 11010206 janvier 2010